知的生きかた文庫

思わず誰かに話したくなる
鉄道なるほど雑学

川島令三

三笠書房

はじめに

東海道本線と「本」が付いているのはなぜか？　と聞くと、やれ幹線だからだろうとか、やれ距離が長い路線だから「本」を付けるのではないか、などと答えるだろう。しかし、幹線で距離が長い常磐《じようばん》線には「本」は付けられていない。「本」を付ける理由は本書の第1章で解説するとして、鉄道に関する用語や事柄について、正確に把握されている方は少ないし、誤解されているものも多い。

私は〝私鉄王国〟と呼ばれていた関西に生まれ、同級生の親が国鉄職員で、その家によく遊びに行って鉄道に関するいろいろなことを教わった。また、周囲には鉄道趣味の大家が多くおられ、それらの方々の家に遊びに行って、鉄道についていろいろ教わった。そして関西をはじめ全国の鉄道を乗り回った。中学生になると全国組織の「鉄道友の会」に入会し、同会の諸先輩からさまざまなことを教わった。

就職後、昭和50年代前半（1970年代後半）には鉄道技術雑誌の記者をやり、国鉄本社や各管理局、運輸省（現国土交通省）鉄道局や営団地下鉄（現東京メトロ）車両部をはじめ各電鉄会社などへ取材詣でをして、それら担当の方からもいろいろなことを教わった。

現在ではネットですぐにさまざまな情報を得ることができるが、先輩諸氏から生《なま》で鉄道の事柄を教わると、ネットではわからない情報が得られる。

鉄道ブームになって久しいが、鉄道に関する事柄を間違って使われていることが、とくに報道などで目立つ。鉄道にさほど興味がない一般の方々が間違った用語を使われてもそれに対して目くじらを立てることはないが、報道などで間違って使われていると、事実が歪曲されてしまう。正確に解説してほしいと思う。

本書では筆者が60年以上、いろいろな方々に教わり、そして見聞きした鉄道に関する用語や事柄、成り立ち、構造などを解説した。

・第1章では、路線や駅名についてのうんちく。
・第2章では、似たような意味で混同されているが、厳密には異なる事柄、また、急行や特急などの列車種別。
・第3章では、鉄道の数え方や各線路にはそれぞれ名称があることなど。
・第4章では、相互直通運転についてのうんちく。

・第5章では、一番誤解されている鉄道用語。
・第6章では、レールの幅の種類と成り立ち。
・第7章では、座席やトイレ、暖房、寝台などの車内設備や連結器。
・第8章では、山を上り下りする鉄道の複線化の方法、鉄橋の構造、駅の構造、複々線のうんちくなど。
・第9章では、新幹線について解説。
・第10章では、エトセトラとして、第9章までの項目に当てはまらない鉄道のよもやま話。

本書によって鉄道の事柄について正しく理解していただき、鉄道に乗る、あるいは触れるのがより楽しくなっていただければ幸いである。

川島令三

目次

第1章　山手線は「やまのてせん」か「やまてせん」か【名称・愛称 編】

第2章 快速と準急、どっちが速い？【列車種別 編】

第3章

発着番線の付け方はどうなっている？【線路・施設 編】

第4章

全面直通か限定直通か【相互直通 編】

第5章

列車の数え方は「本」であって「便」ではない【鉄道用語編】

第6章

標準軌、狭軌以外の軌間もある【軌間編】

台車の改良により、広軌化せずに輸送力増大が可能になった　154
新幹線の車体幅はしっかり安定の３３８０㎜　156
異なる軌間で直通運転をするには？　158
昨今のヨーロッパ軌道事情　162

第7章

かつて列車のトイレはボットン式だった【車内編】

第8章

「拝み勾配」「たすき掛け線増」ってなーに？【線路編】

第9章

E5系の鼻が長い理由【新幹線 編】

第10章 実際に握り寿司を供した列車があった【番外編】

編集協力／林田芳雄
本文写真／川島令三
本文DTP／株式会社Sun Fuerza

第1章

山手線は「やまのてせん」か「やまてせん」か

【名称・愛称 編】

山手線は「やまのてせん」か「やまてせん」か

現在はJR山手線のことを「やまのてせん」と読むが、旧国鉄関係者や50歳代以降の人々の多くはいまだに「やまてせん」と読んでいる。

これはなぜかというと、日本国有鉄道、略して国鉄やその前身の鉄道省、さらにもっと前の鉄道院の時代から「やまてせん」と読むのが習わしだったためである。

「やまてせん」と読むようにした理由は定かではないが、有力な説として、「やまのてせん」と読むのなら、神戸の三ノ宮《さんのみや》駅のようにカタカナの「ノ」の字を入れ、「山ノ手線」と表記するのが鉄道院の時代からの習わしだったとされ、それで「やまてせん」と読むようにしていた。

一方、東京の山手地区というのは、銀座や浅草から見て武蔵野の丘陵など、山の方向（つまり山の手）にある渋谷や新宿のことなので、読みは「やまのて」としていた。そこで一般の利用客は「やまのてせん」と読んでいた。

第二次大戦後、国鉄が発足すると、鉄道職員らが読んでいた「やまてせん」で案内するようになり、某家電量販店の関東地区のCMや館内放送でも「まあるいみどりのやまてせん」と歌われて、「やまてせん」が定着するようになった。

ところが、鉄道省時代に慣れ親しんでいた「やまのてせん」の読みをないがしろにするのかという利用者からのクレームも多かった。そこで、案内などは「やまのてせん」としてもいいが、あくまでも国鉄の正式呼称は「やまてせん」であるとした時代が昭和40年代中期まで続いた。

明治以来、駅名には読みを示していたが、路線名に対しては示していなかったため、山手線のように読みが不統一な路線があった。ようやく昭和46（1971）年3月7日に路線名についても読みの表記を実施、山手線については「やまのてせん」に統一した。これで晴れて「やまのてせん」となったが、それまで「やまてせん」の呼称に馴れてしまっていた職員や利用客は戸惑いを禁じえず、反発した。そこで「やまてせん」と読んでも目くじらを立てないことにした。

50歳代以上で「やまてせん」と読んでいる人がいるのはこのためである。それより年下の人々は「やまのてせん」と呼ぶことが定着し、先述の家電量販店のCMも「やまのてせん」と字余り気味の歌詞に変えている。

山手線の正式区間は、どこからどこまで？

例の家電量販店のＣＭの「丸い緑の山手線」という歌詞にあるように、一周しているのが山手線だと思われがちだが、正式な山手線は、品川駅を起点に渋谷、新宿、池袋を通って田端《たばた》駅が終点となる延長20・6キロの路線である。残る田端―東京間は東北本線、東京―品川間は東海道本線の「電車線」である。これら電車線も複々線になっているが、そのうちの複線を山手線電車が走り、もう一方は京浜東北線電車が走る。この「〇〇線電車」という意味では山手線電車は一周している。

山手線建設の目的は東海道本線と東北本線を結ぶことだった。明治5（1872）年に新橋―横浜間が開業、当時の新橋駅は汐留《しおどめ》にあり、横浜駅は今の桜木町駅にあった。上野―大宮間の開業は明治16（1883）年で、私鉄の日本鉄道が開通させた。

横浜側は官設鉄道の東海道線として西に線路を延ばし、大宮側は日本鉄道が東北線として北に線路を延ばしていった。両線を結ぶ必要があったが、新橋―上野間は市街地のため用地買収がしにくく、人家がまばらな山手地区の品川―赤羽間を日本鉄道の手で明治18（1885）年に開通させた。次に日本鉄道の海岸線（現常磐《じようばん》線）と東海道線を結ぶ目的の池袋―田端間の豊島《としま》線が明治36（1903）年に開通。旅客を運ぶというよりも貨物を運ぶ意味合いが強かった。このため遠回りでもよかったのである。

明治39（1906）年に日本鉄道は国有化され、明治42（1909）年の線路名称制定時に山手線の区間は赤羽―品川間と池袋―田端間、大崎―大井間とした。大崎―大井間は東北本線から東海道本線まで折り返しなしで行けるように建設された区間である。同年には品川―田端間が複線化されている。

明治42年に烏森《からすもり》（現新橋）―品川―上野間と池袋―赤羽間の電車運転が開始された。従来、常磐線からはストレートで山手線に行けていたが、田端に広大な田端操車場を設置、そこで貨物の仕訳《しわけ》をしてから山手線方面へ行くように変更した。

上野―東京間が開通していなかった頃は、電化していた中央本線の中野―東京間と東京―品川―池袋―田端―上野間をつないだ「の」の字運転だった。そして大正14（1925）年3月に貨客分離のため複々線化、11月に神田―上野間が開通して環状運転が開始された。運転間隔は12分を基準に、混雑時は6分ごとにしていた。今のような閑散時4分ごと、朝ラッシュ時2分30秒ごとになるとは考えられもしなかった。

意外と知られていない!?　横須賀線の正式区間

横須賀線は東京—久里浜《くりはま》間と案内されているし、一般にそう思われている。しかし、正式な区間は大船《おおふな》—久里浜間である。

横須賀線が開通してからずっと、東京—大船間は東海道本線の線路を横須賀線電車も走っていた。これでは東海道本線も横須賀線も輸送力増強ができない。

そこで、横須賀線電車用の線路を新たに追加することにした。昭和55（1980）年10月に、東京—品川間は地下に別線を設置、品川—鶴見《つるみ》間は東海道本線の支線の通称・品鶴《ひんかく》線を横須賀線電車線に転用した。品鶴線の鶴見駅にはホームがないし、この先は高島支線と羽沢支線（いずれも通称）に分かれていたので、手前の新鶴見信号場—大船間は貼付線増（210ページ参照）で複線を追加した。

ところが、湘南新宿ラインの運行開始で、同ラインの電車も走るようになり、さらに特急「成田エクスプレス」や相鉄《そうてつ》（相模《さがみ》鉄道）直通電車も走る。今や大船以北は横須賀線電車専用ではなくなった。

東戸塚駅付近では東海道線と並行する

新鶴見信号場付近を走る特急「成田エクスプレス」

鎌倉駅に進入する久里浜行。大船以南が正式な横須賀線の区間

次は何と呼ぶ？　愛称が何度も変わる「京浜東北線」

「京浜東北線」も正式な路線名ではない。東京駅を境に南側は東海道本線の電車線、北側は東北本線の電車線であり、両電車線は横浜—大宮間で直通運転をしていて、これに京浜東北線という愛称名を付けている。

この愛称は、定着するまでにいろいろと変えられていった。まずは大正3（1914）年12月に東海道本線東京—高島町（廃止）間に電車運転を開始したときには「東京横浜間電車」の愛称が付けられた。東京—品川間の電車線には山手線電車が走っていたが、品川以南では蒸気機関車牽引の客車列車しか走っていなかった。そこに頻繁運転（ここではあまり待たずに列車がやって来るという意味）で駅を増やした電車専用線路を新設したことから「東京横浜間電車」と呼ぶようにしたのである。

ただし、運転開始初日に運転不能になる故障が多発して、翌年の5月まで線路や架線、電車の手直しを余儀なくされた。その後、桜木町駅まで延長した。当時は桜木町以南の根岸線はなく、横浜—桜木町間は東海道本線に含まれていた。

東京—品川間は山手線電車と同じ線路を走っていた。当然、「東京横浜間電車」も上野への乗入れをすることになるが、山手線電車との違いを明確にするために「東海道線電車」という呼称に改めた。そして田端まで延長運転をした後の昭和3（1928）年2月に、東北本線の田端—赤羽間も電車線を増設して「東海道線電車」が乗り入れることになったが、このとき呼称を「京浜線電車」に改めた。

東北本線の電車線だから、ほかに言い方もあっただろうが、当時を知る方から「赤羽京浜線電車」ということには抵抗があったように聞いている。そうこうしているうちの昭和7（1932）年9月に大宮駅まで電車線が延び、このとき「東北・京浜線」の呼称に変更し、この呼称が長らく使用されるようになる。

しかし、もとからこの電車が走っていた品川以南の鉄道員たちは、駅の案内放送などでは「京浜線」、呼称や案内板も「京浜東北線」を使っていた。

昭和20（1945）年の日本国有鉄道発足時に「京浜・東北線」と変更したものの、やがて「・」が取れて「京浜東北線」になった。しかし、昭和40年代後半になっても、東京以南の各駅では、まだ「京浜線」という案内放送も聞かれた。

昭和39（1964）年5月に桜木町—磯子《いそご》間が開通したときには路線名を京浜東北

横浜駅を出た京浜東北線大宮行

線にするかと思いきや、京浜東北線は正式路線名ではないということから、根岸線を正式路線名にし、横浜─桜木町間を根岸線に編入した。

京浜東北線と似た直通運転形態をしている三鷹─千葉間の各駅停車線は「中央総武線」とは書かない。「中央・総武緩行《かんこう》線」あるいは「中央線・総武線各駅停車」としている。令和2（2020）年3月まで早朝深夜の時間帯では総武線各駅停車は千葉─御茶ノ水間、中央線各駅停車は東京─高尾間の運転だったためである。3月14日から各停は終日、千葉─三鷹間の運転になったことから、今後は「中央総武線」の呼び方に変わるかもしれない。

愛称は定着しないこともある

先述したように、山手線《やまのて》のことを今でも「やまてせん」と言う人は多い。筆者が東京に引っ越してきた昭和40年代には、京王井《い》の頭《かしら》線のことを「帝都《ていと》線」と呼ぶ人を目の当たりにしたことがある。井の頭線は帝都電鉄が開業したから帝都線と呼ばれていた。京王電鉄も当時は京王帝都電鉄という社名で、略して京帝と呼ばれていた。

関西で育った筆者が子どもだった頃、東海道・山陽線の電車のことを省線《しょうせん》電車、あるいは省線または省電と呼ぶ人は多かった。なぜそう呼ぶのかと聞くと、「鉄道省の電車だったから」と教えてもらった。「今は国電というが、わしらが子どもの頃は院《いん》電《でん》と呼ぶ年寄りがいた」とも答えてくれた。鉄道院だから院電なのである。

今は国電も死語になっている。ＪＲに変わる頃、「Ｊ電」とでもいうのかと思ったら、当のＪＲはＥ電と呼んでくださいと宣伝した。「Ｅ」には、East や Electric などの意味があるという。しかし、これは定着しなかった。とはいえ、『ＪＲ時刻表』では今でも東京の電車特定区間の適用区間図には、カッコ書きでＥ電と記されている。

東海道本線の終点は新大阪？　それとも神戸？

東海道新幹線の終点が新大阪駅なのに、東海道本線の終点が神戸駅だということに対して疑問を持つ人は多いだろう。言い換えれば、山陽新幹線の起点が新大阪駅なのに山陽本線の起点が神戸駅になっていることも変である。

明治5（1872）年に東海道本線の母体になった新橋―横浜間が開通した。関西地区ではその2年遅れの明治7（1874）年に大阪―神戸間が開通している。

京浜間と阪神間の鉄道は、明治2（1869）年に着工された。明治政府は東京と京都の両京を結ぶ路線と、東京―横浜間、京都―神戸間、それに琵琶湖―敦賀《つるが》間の建設を決めており、両京を結ぶルートは当初中山道に沿うことにしていた。

東海道に沿うルートは船の運航に太刀打ちできないというのがその理由である。内陸ルートは敵の艦砲射撃を受けないという説がよくいわれているが、それは間違いである。内陸ルートには鉄道に勝る交通機関はなかったからである。

ところが、当時の鉄道には山地を越える能力がなかった。蒸気機関車では急坂をなかなか登れず、結局、東海道ルートが採用されて東海道本線がつくられていく。

琵琶湖―敦賀間の路線は、鉄道建設資材を敦賀港から陸揚げして両京を結ぶ鉄道建設に充てるものだったが、明治政府は資金力が不十分で、4区間以外の鉄道建設は民間に任せることになり、日本初の私鉄・日本鉄道が設立された。日本鉄道は社名のとおり全国に鉄道路線を建設するつもりだったが、当面は東北方面に力を入れていった。

神戸から西方へは山陽鉄道が設立されて建設を行うことになった。日本鉄道が上野駅を起点にしたのと同様に、山陽鉄道は兵庫駅を起点にして明治21（1888）年暮れに姫路まで開通させた。翌年には神戸―兵庫間を開通させ、官設鉄道と接続した。

明治22（1889）年の7月に官設鉄道は新橋―神戸間が全通しており、日本鉄道は上野―塩釜間が開通していたから、山手線経由で塩釜―姫路間が鉄道で結ばれるようになった。明治39（1906）年に山陽鉄道は国有化され、明治41（1908）年に東海道線は新橋―神戸間、山陽線は神戸―下関間とした。大阪駅を境にしたほうがすっきりするだろうが、官設鉄道線だった大阪―神戸間を、外様《とざま》路線である山陽線に入れることを、よしとしなかったのである。

これは感情論や縄張り論が理由でなく、鉄道の管理やしきたりがやはり官設鉄道と

神戸駅に設置されている東海道本線終点を示す589.340キロポストと山陽本線起点を示す0キロポスト

私設鉄道とで異なっていて、国有化後もスムーズに管理するためにも神戸で分けたほうがよかったからである。そういうことから西部鉄道管理局は大阪ではなく神戸に設置して、東海道線と山陽線の区間を正式決定した。

一方、新幹線は東京―下関間として着工したものの第二次世界大戦で建設工事を中断し、戦後の再着工時には東京―新大阪間のみとし、その後、山陽新幹線として延長開業していったことから、新大阪駅を境に分けられた。一気に開通していれば東海道新幹線、山陽新幹線という別々の路線名は付けられず、「新幹線」が路線名になっていただろう。

「中央線」と「中央本線」、違いはどこに？

市販の『時刻表』を見ると、中央本線は東京―塩尻《しおじり》間と篠《しの》ノ井《い》線の塩尻―松本間をひとくくりにし、便宜上「中央東線」と案内している。そして、中央本線の名古屋―中津川間の欄と中津川―塩尻間、それに篠ノ井線と合わせて「中央西線」とした欄をまったく別のページに掲載している。東線側の欄は篠ノ井線は主要駅のみで、さらに東京―立川間も主要駅しか掲載されていない。それとは別に、「中央線・総武線」として千葉―高尾間の全駅を掲載し、さらに中央線快速電車の全停車駅も掲載している。このことからすると、中央線と中央本線とは別扱いにしていることになる。

実際は中央東線・東京―塩尻間すべてが中央本線であり、違うのは東京―高尾間が電車区間、高尾以西が列車区間と分けている。電車区間と列車区間の区別は一般にはわかりにくいので、電車区間では「本」を取り中央線にして、わかりやすくしている。中央本線の欄では高尾以西を走る普通の一部が立川駅まで乗り入れていることから、立川以西の各駅を掲載している。そもそも「本」を付けるのは路線分類からである。

「本」が付かない路線と「本」が付く路線の違いは？

東海道本線というのは、鉄道院時代の路線分類（23部）のうちの「東海道線の部」の本線ということから、東海道本線と「本」を付けている。これに対してたとえば横浜線は、東海道線の部に所属している従属線であるため「本」は付かない。

部の路線分類による区分けは明治42（1909）年の「国有鉄道線路名称」制定時にはじまり、新たな路線ができたときなど何度も改定されている。

また、本線にも従属線にもそれぞれ支線があり、東海道本線の支線として品鶴線があるように、これらは各線ごとの支線としている。

東海道線の部の従属線は多数ある。東海道新幹線、山手線、赤羽線、横須賀線、鶴見線、南武線、横浜線、根岸線、武蔵野線、相模線、御殿場線、伊東線、身延《みのぶ》線、飯田線、武豊《たけとよ》線、湖西《こせい》線、大阪環状線、桜島線、福知山線である。このほかに現在は第三セクターとなっている天竜浜名湖鉄道の前身・二俣《ふたまた》線、愛知環状鉄道の前身・岡多《おかた》線、樽見《たるみ》鉄道の前身・樽見線も転換前は東海道線の部の従属線だった。

このうち、山手線と赤羽線は昭和47（1972）年までは東北線の部の従属線だった。

従属線が一番多いのは東北線の部である。東北新幹線（現在は盛岡以南）、常磐線、高崎線、上越《じょうえつ》線、吾妻《あがつま》線、川越線、両毛《りょうもう》線、烏山《からすやま》線、日光線、水戸線、水郡《すいぐん》線、仙石《せんせき》線、石巻線、塩釜線、気仙沼《けせんぬま》線、大船渡《おおふなと》線、釜石線、山田線、八戸《はちのへ》線、大湊《おおみなと》線、仙山《せんざん》線、北上線、田沢湖線と現在は23路線もある。かつては岩泉線、白棚《はくほう》線、大畑《おおはた》線、川俣《かわまた》線や、秋田内陸縦貫鉄道になった角館《かくのだて》線、三陸鉄道になった久慈《くじ》線、宮古線、盛《さかり》線、阿武隈《あぶくま》急行になった丸森《まるもり》線、わたらせ渓谷鐵道になった足尾線、真岡《もおか》鐵道になった真岡線も東北線の従属線だった。従属線の多くは元日本鉄道の路線だった。

本線がやたらと多いのは北海道である。函館本線、室蘭本線、日高本線、根室本線、石北《せきほく》本線、釧網《せんもう》本線、宗谷本線、留萌《るもい》本線と多数あるが、じつはこれらの部で従属線があるのは函館線の部の海峡線、札沼《さつしょう》線、千歳線、石勝《せきしょう》線と、根室線の部の富良野《ふらの》線だけで、あとは本線しか残っていない。

逆に、本線がない部もある。陸羽《りくう》線の部は陸羽東線と陸羽西線しかなく、磐越《ばんえつ》線の部は磐越東線と磐越西線、それに只見《ただみ》線しかない。会津《あいづ》鉄道になった会津線と廃止された日中《にっちゅう》線もあったが、本線に値する路線がないために「本線」と付く路線はない。

ＪＲ四国は部を廃止したので本線はないが、かつては予讃《よさん》線、高徳《こうとく》線、徳島線、土讃《どさん》線の四つの部があった。

国鉄の分割民営化で東海道線の部はＪＲ東日本とＪＲ東海、ＪＲ西日本に3分割されたが、それでも東京―神戸間を東海道本線としている。

また、各整備新幹線の延伸で並行本線区間は廃止されて、第三セクター鉄道になったが、従属線そのものは廃止されていない。新幹線の開通により廃止されずに本線としてＪＲに残ったのは、鹿児島本線の門司港《もじこう》―八代《やつしろ》間と川内《せんだい》―鹿児島中央間である。九州新幹線の前記両区間は鹿児島本線の営業キロを踏襲している。

そして、鹿児島本線と切り離された肥薩《ひさつ》おれんじ鉄道線と新幹線の新八代―川内間は実キロイコール営業キロとなっている。

つまり、ＪＲから切り離して第三セクター鉄道になった並行在来線区間は、ＪＲとしては廃止にし、新幹線区間を新たな本線にするという形になっている。

中央本線電車区間真っただ中の新宿駅

中央本線列車区間にある四方津（しおつ）駅

国土交通省は「本線」を外しているが、部ごとに分けている

国土交通省監修の『鉄道要覧』では「部」を廃止し、「本」も付けていないが、JR各社ごとに、部別に分けて記載している。

たとえばJR東日本では東海道線からはじまって、従属する山手線、赤羽線と続き、伊東線で終わり、次に中央線があり、その従属線が記載され、次に東北線、そして従属線の東北新幹線、常磐線……の順になっている。

さらに重複区間はいずれか1路線に所属させている。たとえば中央線は東京―神田間が東北線と、代々木―新宿間は山手線と重複しているので、これらは中央線に入れずに東北線と山手線に入れている。常磐線の起点は上野ではなく日暮里にしている。

また、『JR時刻表』も基本的に部ごと、会社ごとに分けられている。東海道本線の東京―熱海間と従属線の伊東線が白い時刻ページの最初に掲げられている。ただし、「上野東京ライン」ができたので、東北本線の上野―東京間と伊豆急行線の主要駅も組み入れられている。

『鉄道要覧』では、中央線の起点は神田になっている

次に「湘南新宿ライン」、続いて「上野東京ライン」と続くが、両ラインともカッコ書きで「(愛称)」が冠されている。

その次に東海道本線熱海―米原間、続いて従属線の武豊線、もと東海道貨物支線だった名古屋臨海高速鉄道あおなみ線の名古屋―金城ふ頭間、御殿場線、元従属線の二俣線だった天竜浜名湖鉄道、身延線、東海道支線の大垣―美濃赤坂間、飯田線、樽見鉄道と、東海道線の従属線が続く。そして中央本線の名古屋―中津川間などJR東海の各本線、従属線が掲げられている。

次にJR西日本の本線、従属線といった具合でJRの各社別に掲げていくが、基本的に本線、従属線の順に並べられている。

埼京線は稼ぎ頭の「最強」路線!?

埼京《さいきょう》線が開業したのはまだ国鉄時代の昭和60（1985）年9月である。国鉄として将来は稼ぎ頭になる「最強」の路線という意味で、埼京線の愛称を付けた。

じつは、起点と終点はそれぞれどの駅なのかはっきりしていない。埼京線の電車は東京臨海高速鉄道の新木場駅からＪＲ川越線の川越駅まで走っている。が、だからといって起点を新木場駅、終点を川越駅にするのもおかしい。

埼京線は京浜東北線と同じく愛称であって、正式な路線名ではない。その愛称としての起点は大崎駅、終点は川越駅とするのがいいだろうが、埼京線の赤羽―大宮間は建設時には「通勤新線」と呼ばれており、この通勤新線の区間を埼京線の起終点とするのが一番妥当なところだろう。

東北新幹線は、大宮以南で建設反対の声が結構あった。それを説得する材料として、東北新幹線に並行して東北本線の別線、つまり通勤新線をつくって沿線の利便性をよくすることで、東北新幹線の建設に同意してもらったのである。

建設区間は赤羽─武蔵浦和─大宮間としたが、高崎線の宮原から大宮の間も建設して、高崎線電車の一部を通勤新線に直通させる予定だった。そして赤羽駅からは赤羽線に乗り入れ、さらに池袋駅から山手貨物線経由で新宿駅まで乗り入れることにしていた。

しかし、通勤新線用の車両が大量に必要なことから、それらを収容する車両基地を川越線の南古谷駅近くに置くことになって川越線も電化し、通勤新線経由で新宿─川越間を走る新たな運転系統を設定することになった。

埼京線は従来の東北本線と京浜東北線の混雑緩和が目的だったが、通勤新線区間の沿線開発が進みすぎて、埼京線自体が非常に混雑するようになってしまった。国鉄が描いた最強の路線にはなったが、混雑緩和が必要とされている。

今は10両編成で運転されているが、通勤新線区間の各駅は、高崎線電車が乗り入れてくることを想定して、15両編成が停車可能なホームに延伸できる構造になっている。

ともあれ、埼京線の主要区間になっている通勤新線は東北本線の別線として扱われ、国土交通省監修の『鉄道要覧』にも東北線の別線として記載されている。

秋田新幹線と山形新幹線は、正式には在来線

埼京線と同様に、秋田新幹線と山形新幹線も愛称である。これも起点の扱いが明確ではないが、終点は秋田新幹線が秋田駅、山形新幹線は新庄駅なのははっきりしている。では起点はどこかというと秋田新幹線は盛岡駅、山形新幹線は福島駅というところだろうが、パンフレットなどでは便宜上、いずれも東京駅と案内している。

かつての国鉄は、特定の路線を走っている電車が他の路線に乗り入れている場合、乗り入れ区間では路線名の後ろに「電車」（あるいは「列車」）を付けて、わかりやすいようにしていた。たとえば水戸線の電車が常磐線の友部―水戸間に乗り入れているが、水戸駅などでの案内では「水戸線電車」としていた。

この習わしはＪＲでも引き継がれており、東北新幹線の区間を走行しているときは秋田新幹線電車という。北陸新幹線電車や上越新幹線電車、埼京線電車という言い方も、ここからきている。

秋田新幹線の愛称を持つ盛岡―秋田間は、最高速度は時速１３０キロでしかないし、

奥羽本線和田駅で、標準軌在来線回送電車と行き違う、秋田新幹線電車

踏切もあり、一般の普通電車も走る。山形新幹線の福島―新庄間もそうである。これらも正式には在来線で、秋田新幹線は盛岡―大曲《おおまがり》間が田沢湖線、大曲―秋田間が奥《おう》羽《う》本線であり、山形新幹線の福島―新庄間も奥羽本線である。他のＪＲ在来線と異なるのは標準軌になっていることである。

在来線だということは料金面でもわかる。東京―秋田間を乗るとき、運賃は通しで計算されるが、特急料金は東北新幹線特急料金と在来線の特定特急料金の合算である。だから「こまち」に東京から乗って盛岡駅で途中下車して、そのあとの「こまち」に乗ることもできる。ただし切符購入時に、その旨を伝えないと発行してもらえない。

特急料金が100円の新幹線がある？

ＪＲ西日本の博多《はかた》南《みなみ》線は博多—博多南間8・5キロの路線で、全区間新幹線の線路を新幹線の車両が走っている。博多南駅は山陽新幹線博多総合車両所の西端に片面ホームがあるが、線路自体は博多総合車両所の着発1番線として管理されている。このため全区間新幹線の線路である。

博多総合車両所近辺は鉄道空白地帯だったので、昭和50（1975）年の山陽新幹線の全通以来、車両基地内にホームを設置して回送電車に乗れるようにしてほしいとの要望があり、これを実現するため博多南線が開設された。

博多南線が開業した平成2（1990）年4月にはまだ九州新幹線は開業しておらず、博多—博多南間は将来は九州新幹線の一部にはなるが、開業時は入出庫線扱いだったので最高速度120キロしか出さず、法令上「新幹線」ではないということで、ＪＲ西日本の在来線として認可された。

九州新幹線が開業するとき、博多南線の去就が心配されたが、従来どおり在来線扱いのままJR西日本の路線として存続した。また、博多総合車両所横の新幹線本線の地点を境にして、博多寄りはJR西日本が所有している。

　九州新幹線が開業した頃の新幹線電車と博多南線電車はこの地点までは時速120キロしか出さなかったが、その後、200キロ程度まで出すようになった。このため博多—博多南間の所要時間を10分から8分に短縮している。JR西日本の幹線の運賃率が適用され運賃は200円である。これに特定特急料金100円が必要になる。また、「福岡近郊区間」に含まれており、運賃は在来線の各駅から通しで計算される。

　ほかにも、百パーセント新幹線線路を走るのに在来線扱いになっている路線として、上越線越後湯沢—ガーラ湯沢間がある。ガーラ湯沢駅はもともと上越新幹線の電留線（電車を一時停留しておく車庫）がある場所である。越後湯沢駅付近に用地がなかったために電留線まで1・8キロの入出庫線を設置した。

　スキー場までのゴンドラロープウェーをつくり、電留線にホームを設置して、スキーシーズンだけ営業するガーラ湯沢駅を開設した。入出庫線では時速80キロしか出さないので、新幹線とは言い難く、在来線扱いにして上越線の支線となっている。運賃は通しで計算され、運賃のほかにやはり特定特急料金100円が必要である。

京成高砂駅があるなら高砂駅はどこに？

駅が離れている場合で同じ駅名を付けたいときは、JR（国鉄も）の場合は後にできた駅のほうに旧国名を冠している。たとえば、横浜線の中山駅に対して総武本線の下総《しもうさ》中山駅がある。

しかし、あまりにも離れている場合は、混同するおそれが低いので同じ駅名のままにすることもある。たとえば東北本線の福島駅と大阪環状線の福島駅である。

私鉄などとJRとの場合は、私鉄のほうに会社名を冠している。たとえばJRの八王子駅と京王八王子駅である。

さて、京成高砂《けいせいたかさご》駅があるのならJRまたは国鉄に高砂駅があるはずである。しかし、首都圏のJRに高砂駅はない。

あるのはずっと離れた函館本線。離れているからこの駅に対して京成を冠する必要はないし、第一に京成のほうは元曲金《まがりかね》駅だったのを大正2（1913）年に高砂駅へ改称しているのに、函館本線の高砂駅は昭和62（1987）年開設である。先に国鉄駅として高砂駅がなければ「京成」を冠しない。

　山陽電鉄に高砂駅があるが、これも当初は高砂町で、高砂北口、電鉄高砂を経て、国鉄高砂駅が廃止されてから高砂駅になった。

　じつは、昭和59（1984）年に廃止になった兵庫県の高砂線に高砂駅があった。同駅の開設は大正3年である。京成高砂駅は曲金駅を大正2年に高砂駅に改称、昭和6（1931）年に京成高砂駅に変更している。

　国鉄高砂駅は遠方にあったから会社名を冠する必要はなかったが、国鉄との「連絡運輸」開始に伴い、京成を冠した。高砂線は昭和59年に廃止されたものの、山陽電鉄が先に電鉄高砂駅を高砂駅に改称してしまい、先手をとられた京成はそのままにしたものと思われる。

　似たような駅として京王堀之内駅がある。ＪＲに堀之内駅はない。あるとすれば京浜急行の堀ノ内駅があるが、同一表記の堀之内駅はない。それでも京王を冠したのは京浜急行の堀ノ内駅と確実に区別するために「京王」を冠したとされる。

　京王よみうりランド駅もすでにある小田急の読売ランド前駅と区別するために京王を冠し、なおかつ「読売」を平仮名にしている。

「浦和」と「千葉」が付く駅、どちらが多い？

何も付かない浦和駅のほかに、東浦和駅、西浦和駅、北浦和駅、南浦和駅と東西南北が付く駅があり、さらに中浦和駅、武蔵浦和駅、埼玉高速鉄道の浦和美園《みその》駅と、計8駅がある。埼玉県にはこのような駅名が多い。与野《よの》は与野駅のほかに南与野、与野本町、北与野と計四つ、川口は川口駅と西川口駅、川口元郷駅、東川口駅の計四つ、越谷《こしがや》は越谷駅、南越谷駅、北越谷駅、新越谷駅、越谷レイクタウン駅の計五つがある。

さらに上がある。千葉という名称が付く駅は千葉駅のほかに、西千葉駅、東千葉駅、本千葉駅、千葉みなと駅があり、京成千葉線には新千葉駅、京成千葉駅、千葉中央駅、同千原《ちはら》線に千葉寺駅、千葉都市モノレールにも千葉公園駅がある。これで終わりかと思いきや、北総鉄道線に千葉ニュータウン中央駅があり、さらに京葉臨海鉄道に千葉貨物駅があるから、合わせて12駅もあって、日本一である。

船橋も多い。ＪＲには船橋のほかに西船橋、東船橋、船橋法典、南船橋があり、京成線に京成船橋と船橋競馬場、東武野田線に新船橋と計8駅があり、同率2位である。

尼崎、西宮、芦屋、住吉……、離れていても、なぜ同じ駅名？

通常、後からできた駅には会社名を冠している。これはJRについても例外ではない。新しく開業したJR西日本のおおさか東線では「JR淡路《あわじ》」とか「JR野江」、「JR河内永和」などJRを冠している。

ただし以前はJR（国鉄）の駅を優先して、私鉄側に会社名を冠させていた。たとえばもともと京浜電鉄（現京急）には先に子安《こやす》駅と新子安駅があり、国鉄が後に新子安駅を開設したのに、京浜電鉄の駅を京浜新子安と改称させられ、そして現在の京急新子安駅となった。

いずれにしても、離れた場所に同じ駅名を付けるとき、片方には会社名を冠することになっている。

ところが関西の尼崎、西宮、芦屋、住吉についてはJR東海道本線と阪神電鉄本線の両方に同名の駅があり、しかも結構離れている。

最初に開設したのは住吉駅を除いて阪神電鉄のほうで、本線が開業した明治38（1

905）年からずっと今の駅名のままである。
ＪＲの尼崎駅はもともと神崎《かんざき》駅だった。ＪＲの西宮駅は官設鉄道が開通したときから駅はあったが、長らく西ノ宮駅と「ノ」が入っていた。西宮駅に改称したのは平成19（2007）年とつい最近のことである。ＪＲの芦屋駅は大正２（1913）年の開設である。

住吉駅だけＪＲが先で、官設鉄道時代の明治７（1874）年に開設されている。阪神の住吉駅とは800ｍほどしか離れておらず、近いということで阪神にも住吉の駅名を付けることが許されたといわれる。

いずれにしても阪神もＪＲも絶対に駅名を変更しない。これでは利用客は混乱すると思われるだろうが、そのままにして、もう100年以上経ってこの状態だから、混乱はない。地元では阪神あるいはＪＲを冠して呼んでいて、それで区別している。

阪神電鉄のほうに阪神と付けろと強制すると沿線地元が許さない。それならＪＲもＪＲと冠しろという反発が出てくるのは、私鉄びいきが多い関西では当然のことだからである。

なお阪急神戸線は、尼崎駅に類する駅名はなく、西宮は西宮北口、芦屋では芦屋川が駅名になっている。ところが阪神本線にある御影《みかげ》駅と同名の駅が阪急神戸線にもある。春日野道駅も両線にあるが、こちらはそうは離れていない。また、阪急の六甲駅とＪＲの六甲道駅は近くにあることで区別されている。さらに阪神にある西灘駅は阪急にもあったが、現在は王子公園駅に改称されている。

　ＪＲ東海道線は三ノ宮駅と「ノ」を付けたのに対し、今は阪神、阪急三宮は神戸が冠されるようになったが、「ノ」は付けない。神戸新交通（ポートライナー）と神戸市営地下鉄はやはり「ノ」を付けていない。先述したようにＪＲの西ノ宮駅は長らく「ノ」を付けていた。尼崎駅はかつて尼ケ崎としていたと思われるかもしれないが、尼ケ崎駅は福知山線の支線だった通称・尼崎港線の終点尼崎港駅の当初の駅名だった。

　ＪＲの大阪駅に隣接する阪神、阪急の駅名は大阪梅田となっている。少し前までは単に梅田だった。梅田だけでは地元以外の人にわかりづらいということで大阪を冠したのだが、阪急や阪神の電車内で到着前の案内放送は、ずっと昔から「まもなくおおさかうめだに到着します」と放送していた。

　なお大阪駅に隣接する大阪地下鉄の御堂筋線は梅田駅、谷町線は東梅田駅、四つ橋線は西梅田駅である。また、天王寺駅に隣接する近鉄南大阪線の駅名は大阪阿部野橋

JRの芦屋駅

になっている。
　面白いのは、大阪地下鉄四つ橋線である。路線名は四つ橋線と「つ」が平仮名だが、駅名は四ツ橋駅とカタカナの「ツ」になっている。
　ほぼ同じ位置に駅があり、連絡乗車券も発売しているのに駅名が異なるのは、神戸の三宮だけではない。首都圏の南武線の武蔵溝ノ口駅と東急の溝の口駅がそうである。東急はカタカナの「ノ」や「ヶ」は使わず、すべて平仮名に統一している。市が尾駅、緑が丘駅、旗の台駅などである。

阪神の芦屋駅は芦屋川の上にホームがかかっている

阪急の芦屋川駅も芦屋川の上にホームがある

昭和40年後半の阪急神戸線普通の行先案内板には、正式な駅名ではないが「神戸三宮」「大阪梅田」と記されていた

同時期、阪神の普通では神戸・大阪とは冠していなかった

流行《はや》りの長い駅名、略して何て呼ぶ？

山手線・京浜東北線の新駅「高輪《たかなわ》ゲートウェイ」。最近の新駅名にしては短いといえるが、利用する人々にとってはやはり長い。このためもっと短く略して呼ぶことになるだろう。

どのように略されるかはまだわからないが、まずは「たかげー」が考えられる。しかし、どこかの週刊誌の略称みたいでよくない。「たかなわ」と略すことは近くに高輪台駅や白金高輪駅があるからできない。無難なのは「ゲート」だろう。たぶん、これが定着すると思われる。

東急田園都市線の南町田駅は南町田グランベリーパーク駅に改称した。東急としては最寄りにある南町田グランベリーパークを宣伝したいための改称だったが、利用者は相変わらず南町田と呼んでいるし、当の東急社員もそうしている。

二つの地名にまたがって駅が置かれているために二つの地名を合わせた駅名にすることも多い。先ほどの白金高輪駅や大阪の野江内《のえうちんだい》代駅、関目高殿《せきめたかどの》駅などがそうである。しかし、利用者は「のえ」とか「たかどの」などと略している。これら複合地名駅は片方を取って略すことが多い。

また利用者だけでなく、当の鉄道社員のほうが、短くしたほうが伝わりやすいということで略していることもある。首都圏新都市鉄道（つくばエクスプレス）の流山セントラルパーク駅は「ながれやまパク」、柏の葉キャンパスは「かしわのは」と略している。

社員が略しているのが一般化したのが、成田空港高速鉄道が保有し京成とＪＲが営業している空港第2ビル駅を略した「にびる」である。

とにかく、利用者も鉄道社員も短く略して呼ぶことが多い。とくにカタカナ交じりの駅名は略される。

東急たまプラーザ駅は「たまぷら」、阪神の尼崎センタープール前駅は「あません」または「センター」と略している。

では「けいはち」、「うえはら」、「ふたこ」、「しんよこ」、「あおいち」、「もんなか」、「むかいはら」、「たにきゅう」、「てんろく」、「しえき」はどこの駅を略しているのか当てていただきたい。…答えは巻末（268ページ）にあり！

第2章

快速と準急、どっちが速い？
【列車種別 編】

「列車」と「電車」、その違いはどこに？

列車と電車は同じものだと思われているが、じつはいろいろな意味で使い分けられている。

まずは、大きな分類として「列車」があって、その中で、電気で自走する車両が「電車」である。軽油やガソリンなどを燃料にしてエンジンで自走するのを「気動車」、機関車に引っ張られたり押されたりするのを「客車」という。この意味では電車列車、気動車列車、機関車列車あるいは客車列車と呼ぶのが正しい。

もう一つの使い分けは、走る線路によるものである。昔の電車は床下にあるモーターなどの騒音がうるさく、振動によって揺れが激しく、乗り心地がよくなかった。これに対し、機関車に引かれる客車列車の床下にはモーターがないので、快適に乗ることができる。

このため電車は近距離用、客車列車は長距離用ということで、電車は東京、大阪の近郊や私鉄で採用され、長距離は客車列車、略して列車として使い分けられていた。

ならば電車列車も列車ではないかと反論があろうが、初期の電車は1両で走ることが多く、何両も連結して「列を作って走る」ことがないので列車ではないとされていた。ここでも電車と列車は使い分けられていた。

現在でも、東海道本線など複々線以上の線路がある区間では、中・長距離列車が走る線路を「列車線」、近距離の電車が走る線路を「電車線」と呼び分けている。電車線は京浜東北線や山手線の電車が走る。列車線にはいろいろな列車が走る。

地方路線の多くは電化されていなかったので、すべて列車、あるいは汽車と呼んだ。地方でも私鉄は電化されていたところが多く、電車といえば私鉄、列車といえば国鉄だった。

四国の松山にある伊予鉄道には、今でも路面電車と通常の鉄道線とがある。この場合、路面電車のほうは電車、通常の鉄道のほうは列車あるいは鉄道線と使い分けている。同様に、路面電車と通常の鉄道が走っている富山地方鉄道でも電車と鉄道は区別されている。

運賃面でも区別されている。東京、大阪には「電車特定区間」というエリアがある。東京電車特定区間は東海道線本線大船駅、中央本線高尾駅、東北本線大宮駅、常磐線

山陽本線須磨駅。左側の「列」とある信号機が列車線用、右は電車線用なので「電」と記されている

取手駅、総武本線千葉駅、京葉線千葉みなと駅を境に都心方向が電車線である。

大阪電車特定区間は東海道本線京都駅、山陽本線西明石駅、阪和線和歌山駅、関西本線奈良駅、片町線長尾駅を境に都心方向が範囲である。

電車特定区間では運賃を割安に設定しており、山手線内と大阪環状線内はさらに安い。山手線内に中央本線・総武本線の秋葉原・神田―新宿間は含まれるが、大阪環状線内にＪＲ東西線の京橋―新福島間は含まれない。

電車特定区間の外を列車区間といい、電車特定区間は電車区間といって、列車番号や列車種別が分けられている。

東京電車特定区間

大阪電車特定区間

「運賃」と「料金」は、しっかり区別されている

運賃も料金も同じような意味だろうと思われているが、交通機関では運賃と料金は厳然と区別されている。運賃とは乗車券、すなわち運送の対価のことである。運賃には通常の普通運賃のほかに定期運賃、回数運賃、団体運賃などがある。また、貨物運賃もある。料金とは特急券やグリーン券、指定席券など付加価値を伴うものの対価であり、入場券も料金のうちに入る。

ということでこの2種類を指して運賃・料金と総称する。

JRの普通運賃は対キロ制で距離に応じて運賃が設定されている。JR東日本、JR東海、JR西日本のいわゆる本州3社では地方交通線と幹線に分け、乗客が少ない地方交通線は高めに設定されている。JR九州やJR四国、JR北海道、いわゆる3島会社は、さらに高めに設定されている。幹線と地方交通線をまたがるときは、地方交通線の運賃表に表示されている割増しの「換算キロ」により幹線の運賃で計算する。幹線と電車特定区間をまたがるときは、本則である幹線の運賃で計算する。

ＪＲ東日本とＪＲ西日本では、先述したように東京駅または大阪駅を中心にした「電車特定区間」を設定して幹線よりも安くしており、さらに山手線内と大阪環状線内ではもっと安く設定されている。

このほかに、私鉄との競争区間で、区間を限定して運賃を安くする「特定区間」が東京、名古屋、大阪近辺の主な駅間で設定されている。安い運賃の私鉄を利用されないようにするためである。これを知っていれば、境目の駅で一旦改札を出て切符を買い直すと安くなることもある。例えば新宿―上野原間をそのまま通しで買えば１１７０円だが、高尾駅で改札を出て買い直すと、特定区間の新宿―高尾間５７０円と幹線区間の高尾―上野原間３３０円で合計は９９０円となり、１８０円安くなる。高尾駅などでスイカでピッと出場してすぐに入り直す人を見かけるのはこのためである。なお、新宿―高尾間なら京王から乗り換えるとさらに安上がりになる（切符３７０円、ＩＣ３６７円）。

また幹線、地方交通線では６０１キロ以上になるとキロあたりの「賃率」が低くなる。幹線運賃で６００キロまでは１キロあたり16円だが、６０１キロ以上では７・８円になる。

さらに601キロ以上の区間で往復乗車券を買えば、往復割引制度で往路・復路とも1割引きになる。東京—大阪間の普通運賃は8910円だが、東京—明石間の往復乗車券を買うと片道あたり8810円と100円安くなる。神戸に行くなら片道9460円だからもっと得になる。

「大都市近郊区間」内では、途中下車しなければ一筆書きで迂回乗車ができる。たとえば東京—有楽町間の切符で池袋、新宿経由で乗ってもいい。また、基本的に途中下車ができる乗車距離101キロ以上の切符では、一筆書きで購入すれば得になることもある。たとえば、東京—京都間を往復するとき、行きは東海道新幹線、帰りは湖西線、北陸本線、北陸新幹線とすると乗車距離は601キロを超えるので、超えた分の賃率が安くなる。ただし、山科—京都間はダブるので、同区間の往復切符を別途買わなくてはならない。なお、京都駅で降りなければ重複区間は「区間外乗車」が認められている。

特急料金も割引制度がある。新幹線と在来線を乗り継ぐときや、寝台特急「サンライズ瀬戸」号と四国の特急に乗るとき、いずれも後者の特急の料金が半額になる。ただし両方の特急券を同時に購入することが条件である。これを乗り継ぎ割引制度という。

じつは異なる⁉「混雑率」と「乗車率」

混同されがちなのは運賃と料金だけでなく、混雑率と乗車率もそうである。混雑率は、乗車定員に対してどのくらい乗っているかのパーセンテージである。つまり混雑している状況を数値化したものである。

これに対して乗車率とは、指定席列車の利用率である。このため100％を超えることはない。自由席を指して乗車率を出すこともあるが、これは結局、混雑率ということである。

一般に、年間平均の乗車率は70％程度がいいとされる。繁忙期に100％とするには、年間平均は70％になるように列車の連結両数や運転本数を決めるのが最適とされているからである。これだと閑散期は50％になる。

混雑率については毎年国土交通省が発表している。このとき定員の算出基準を定めている。各社バラバラな定員算出方法では比較の対象にならないからである。

ロングシート車については、座席面積も含む有効床面積に対して0・35㎡で割って小数点以下を切り捨てにした数値を定員にしている。セミクロスシート車の場合は全座席に対してクロスシートの割合が20％以上80％未満のときは0・4㎡で割る。20％未満は0・35㎡、80％以上はオールクロスシート車と同じく座席数を定員としている。

しかし、一部の私鉄は自社基準の定員算出方法で計算した混雑率を国土交通省に提出している。

たとえば東急田園都市線では10両編成の総定員を1494人としている。同じ構造のJR常磐線各駅停車は1400人である。JRはきちっと国土交通省の算出基準にしている。田園都市線の混雑率は平成30年度で182％としているが、定員を1400人で計算すると194％に跳ね上がる。分母が違うのでは比較することができない。統計としては不完全である。

東京メトロや北総鉄道なども水増し定員で計算している。すべて国土交通省基準で定員を算出してほしいものである。

JR阪和線の223系はオールクロスシートだが、座席数イコール100％にはしていない。座席は横1&2列になっており、通路面積はロングシート車並みに広い。JR西日本は1両あたり137人で計算している。

ＪＲロングシート車

相鉄セミクロスシート車

阪和線横1&2列オールクロスシート車

鉄道模型の「レイアウト」と「ジオラマ」ってどう違う？

ＪＲ各社の鉄道博物館に置かれている鉄道模型やその線路、これらを指してジオラマと呼ばれることが多い。当の博物館もジオラマと称している。

しかし、正式にはレイアウトという。ジオラマは静態模型による情景として、動く模型車両がまったくないものをいう。

鉄道博物館に置かれているものは、模型列車を走らせているから、レイアウトなのである。

鉄道模型は、日本ではＮ《エヌ》ゲージ（ゲージ／軌間＝左右のレールの幅）が主流だが、かつてはＨＯ《エッチオー》ゲージが一般的だった。ＮゲージのＮはＮｉｎｅつまり９㎜ゲージである。

もともと世界的にはＯ《オー》ゲージが主流だった。Ｏゲージは32㎜ゲージで、標準軌１４３５㎜の45分の１スケールということになるが、アメリカでは48分の１、イギリスでは43分の１にしている。日本では45分の１としていることが多い。

芦屋高校鉄道研究会OB会で組まれたOゲージレイアウト。大きい模型なので迫力満点

ドイツの模型メーカー・メルクリンは45㎜ゲージを1番ゲージとし、縮尺は35分の1とした。これは家庭内では大きすぎるということでひとまわり小さいゲージの32㎜を0番ゲージとし、それを言い換えてOゲージとした。

日本の家庭ではそれでも大きい。というわけで32㎜ゲージの半分の16㎜ゲージをHOゲージとし、これが普及した。

しかし、それでも大きいということで9㎜ゲージ、縮尺150分の1（新幹線は160分の1）が考案され、これが普及した。しかし、団地サイズでしょぼいとする人も多い。某電鉄会社の元社長は今でもOゲージを紙と木材等で造って走らせている。

使い分けている？「普通」と「各停」

各駅停車、略して「各停」は文字どおり、運行区間の各駅に停車する列車のことで各停電車ともいう。一方、「普通」はＪＲにおいて、基本的に列車区間では各駅に停車するが、電車区間では主要駅に停車するのを基本にしている。ここでも電車と列車は区別されている。

また、各停電車は鉄道専門用語では緩行《かんこう》電車という。急行は「急いで行く」の略みたいなもので、その反対語として「緩《ゆる》く行く」ということで緩行と付けられている。東海道・山陽線の京都―西明石間は電車区間だが、ここには各停（緩行）と快速、新快速、それに特急が走る。このうち快速は、昼間時を除いて、電車区間以外は普通として走る。日中と夜間は京都―高槻間は各駅に停まる普通とし、高槻―西明石間が快速である。

各停は電車区間内の京都―西明石間の運転だが、日中と夜間の京都―高槻間は、同区間で各駅に停車する快速に任せて走らない。また、朝ラッシュ時上りには、西明石発草津行1本と加古川発3本、大久保発1本が走る。途中から快速になる普通と区別するために、各停として案内する。

これに対し、東京エリアの東海道本線の普通は、大船以西で各駅に停まるのに各停とはしていない。各停は、東京—品川間では山手線電車と京浜東北線電車、品川—横浜間では京浜東北線電車のことである。横浜—大船間では横須賀線電車が、各停とは案内していないが各停の役目をしている。

中央本線では、各停は御茶ノ水—三鷹間しか走らず、三鷹以遠は快速が各駅に停車し、立川駅からは高尾以遠の列車区間を走る普通電車が発着している。

東北本線でも京浜東北線電車と山手線電車が各停の役目をしている。

常磐線は少し前まで、快速と普通と分けていたが、取手駅まで走る快速と停車駅が同じなので混乱を避けるために、取手以遠を走る普通については取手から（まで）快速と案内するようになった。しかし、列車番号の末尾に付ける英文字は普通はM、快速はHとして、会社内では厳然と分けている。各停は取手駅まで走る。

私鉄では各停を使うところと普通を使うところとがあるが、その明確な基準はない。各停と呼んでいるところは東急、東京メトロ、小田急、京王、西武、都営地下鉄、相模鉄道である。

関東私鉄だけみると大半だが、他地区では関西の南海だけに各停があるものの、他はすべて普通としている。名古屋の名鉄、九州の西鉄もそうだ。全国的にみて各停は少数派なのである。

しかも南海には各停のほかに普通もあって、JRのように使い分けている。高野線《こうや》で各駅に停まる電車を各停、南海線（南海本線）を走るほうは普通としている。南海線と高野線は難波《なんば》―岸里玉出《きしのさとたまで》間で複々線になっていて、途中にある今宮戎《いまみやえびす》と萩ノ茶屋の両駅のホームは高野線にはあるが、南海線にはない。

難波―岸里玉出間は正式には南海本線に所属していて、西側は緩行線、東側は急行線とした複々線になっていた。かつては緩行線にも南海本線の電車が走っていた。緩行線を走るほうを各停、急行線を走るほうを普通として区別していた。その後、緩行線は高野線電車線用になり、このため各停と普通を使い分けているのである。

南海と同様に、阪急の大阪梅田―十三《じゅうそう》間でも、中津駅のホームは神戸線と宝塚線にはあるけれど京都線にはない。しかし、阪急は各停と普通を使い分けてはいない。

会社・路線名	列車種別（※太字は料金が必要）
JR北海道	**特急**、快速、区間快速、普通
JR東日本	**特急**、通勤特快、特快、通勤快速、快速、普通、各停
JR東海	**特急**、**急行**(臨時)、特快、新快速、快速、区間快速、普通
JR西日本	**特急**、新快速、快速、区間快速、普通、各停
JR四国	**特急**、快速、普通
JR九州	**特急**、快速、区間快速、普通
IGRいわて銀河鉄道・青い森鉄道	快速、普通
三陸鉄道	快速、普通
秋田内陸縦貫鉄道	**急行**、快速、普通
会津鉄道	**特急**、快速、普通
野岩鉄道	**特急**、快速、普通
いすみ鉄道	**急行**、普通
京成	**スカイライナー**、**モーニングライナー**、**イブニングライナー**、快速特急、アクセス特急、特急、通勤特急、快速、普通
成田スカイアクセス	**スカイライナー**、アクセス特急、特急、急行、普通
つくばエクスプレス	快速、通勤快速、区間快速、普通
東武伊勢崎線系統	**特急**、急行、区間急行、準急、区間準急、普通
東武東上線	**TJライナー**、川越特急、快速急行、快速、急行、準急、普通
西武池袋線系統	**特急**、**Sトレイン**、快速急行、急行、通勤急行、快速、通勤準急、準急、各停
西武新宿線系統	**特急**、**拝島ライナー**、急行、準急、各停
京王	**京王ライナー**、特急、準特急、急行、区間急行、快速、各停
小田急	**特急**、快速急行、通勤急行、急行、通勤準急、準急、各停

会社・路線名	列車種別（※太字は料金が必要）
東急	**Sトレイン**、特急、急行、準急、各停
京急	**ウィング**、エアポート快特、快特、特急、エアポート急行、普通
相鉄	特急、通勤特急、急行、通勤急行、快速、各停
東京メトロ副都心線	**Sトレイン**、急行、通勤急行、各停
東京メトロ東西線	快速、通勤快速、各停
都営地下鉄	急行、各停
横浜市営地下鉄	快速、普通
秩父鉄道	**急行**、普通
富士急行	**特急**、快速、普通
伊豆急行	**特急**、普通
伊豆箱根鉄道	特急、普通
東京モノレール	空港快速、区間快速、普通
静岡鉄道	急行、通勤急行、普通
大井川鐵道	急行、普通
長野電鉄	**特急**、普通
しなの鉄道	快速、普通
北越急行	**特急**(臨時)、快速、普通
えちごトキめき鉄道	**特急**、快速、普通
あいの風とやま鉄道・IRいしかわ鉄道	あいの風ライナー、普通
富山地方鉄道	**特急**、快速急行、急行、普通
えちぜん鉄道	快速、急行、普通

会社・路線名	列車種別（※太字は料金が必要）
福井鉄道	急行、普通
名鉄	**ミュースカイ**、快速特急、特急、快速急行、急行、準急、普通
伊勢鉄道	**特急**、快速、普通
近鉄	**特急**、快速急行、急行、区間急行、準急、区間準急、普通
南海本線	**特急**、急行、急行(泉佐野折返)、空港急行、区間急行、準急、普通
南海高野線	**特急**、快速急行、急行、区間急行、準急、各停
京阪	快速特急、**ライナー**、特急、通勤快速急行、快速急行、深夜急行、急行、通勤準急、準急、区間急行、普通
阪神	直通特急、特急、区間特急、快速急行、急行、区間急行、普通
阪急神戸線	特急、通勤特急、快速急行、急行、通勤急行、準急、普通
阪急宝塚線	特急、通勤特急、急行、準急、普通
阪急京都線	快速特急A、快速特急、特急、通勤特急、快速急行、快速、準急、普通
山陽電鉄	特急、S特急、普通
神戸電鉄	特快速、急行、快速、準急、普通
一畑電車	特急、急行、普通
土佐くろしお鉄道	**特急**、快速、普通
西鉄	特急、急行、普通
肥薩おれんじ鉄道	快速、普通

「快速」と「準急」、どっちが速い？

ＪＲがまだ国鉄だった昭和30年代は、特別急行、略して「特急」が一番速く、次は急行、その次は準急、そして快速の順としていた。速さだけでなく料金もこの順になっていた。ただし快速は料金の設定はなく運賃だけで乗れる。新幹線が開業してもこれを超特急とはせず、新幹線特急とした。

このことからすると快速よりも準急のほうが速いということになる。しかし、特急、急行、準急と料金設定が煩雑であり、急行と準急とは車内設備にさほど差はないことから、昭和41（１９６６）年に１００キロ以下の距離を走る優等列車（各停や普通でない列車）は準急、１０１キロ以上は急行とした。その後、準急は廃止した。

現在のＪＲは特急ばかりで、急行はたまに臨時列車として走るだけになっているが、急行という列車種別は廃止されていない。

一方、私鉄で準急の種別があるのは東武と西武、小田急、東急、名鉄、近鉄、阪神（近鉄直通電車、自社線内は各駅に停車）、南海、京阪、阪急、神戸電鉄である。快速は中小私鉄も含めて多数あるが、一つの路線で快速と準急が運転されているのは東武東上線と西武池袋線、阪急京都線の3路線である。いずれも快速のほうが停車駅が少ないばかりか、東武東上線は急行よりも少ない。

天王寺駅に停車中の1等車の入口
準急「かすが」1号　名古屋行

東武東上線

準急	成増以遠各駅
急行	成増、和光市、朝霞台、志木、ふじみ野、川越以遠各駅
快速	成増、和光市、朝霞台、志木、ふじみ野、川越、川越市、若葉、坂戸、東松山以遠各駅

西武池袋線

準急	練馬、石神井公園以遠各駅
快速	練馬、石神井公園、ひばりヶ丘以遠各駅
急行	石神井公園、ひばりヶ丘、所沢以遠各駅

阪急京都線

準急	十三、南方、淡路、上新庄、南茨木、茨木市、高槻市以遠各駅
快速	十三、南方、淡路、上新庄、南茨木、茨木市、高槻市、長岡天神、桂、西院以遠各駅
特急	十三、淡路、茨木市、高槻市、長岡天神、桂、烏丸

頭に「通勤」や「区間」が付くと速くなる？　遅くなる？

鉄道各社は近年、通勤快速や通勤急行などの種別を朝夕ラッシュ時に設定している。JRでは「通勤」が付くと停車駅が少なくなるが、私鉄の多くは遅くなる。

ただし京阪はJRと同様に、停車駅が1駅減って速くなる。もともと京阪の急行、準急は守口市駅を通過していた。それを昼間時や夜間には守口市に停車するようになり、朝夕ラッシュ時に走る準急に「通勤」を冠するようにしたのである。

「区間」を冠するのは、ターミナルから一定の駅まで優等列車で走り、その先からは各駅に停車する列車のことである。

京阪は昭和初期に京橋（正確には蒲生信号所）―土居間を複々線化したときに、京橋駅から土居駅の一つ京都寄りの守口市駅までの間ノンストップで走り、守口市駅から先は各駅に停車する列車を区間急行としたが、これは準急よりも遅い。

南海高野線は準急を堺東駅から各駅に停車、区間急行を北野田駅から各駅に停車、急行を河内長野駅から各駅に停車させ、区間急行は準急と急行の間の速さにしている。

近鉄も同様にしているが、阪神の区間急行と区間特急は少し違う。現在の区間急行は大阪梅田―甲子園間の運転で、急行の停車駅に加えて千船駅と鳴尾・武庫川《むこがわ》女子大前駅に停車する。武庫川駅から甲子園まで各駅に停車するものの、途中駅は鳴尾・武庫川女子大前間の1駅だけである。

区間特急は御影発で朝ラッシュ時上りだけに走る。今津駅まで全駅には停車せず、住吉駅と西宮駅を通過する。西宮駅は通常の特急は停車するのに区間特急は通過する。「区間」を冠していたのは関西の私鉄だけだったが、首都圏では京王電鉄が冠するようになってから、東武やつくばエクスプレス、東京モノレールも採用するようになった。

阪神のように区間特急が特急の停車駅の西宮駅を通過しているようなやり方を選択停車、あるいは千鳥停車という。現在これを採用しているのは、阪神のほかに西武と小田急がある。西武鉄道は快速急行と急行が停車するひばりヶ丘駅を通勤急行が通過するが、その前後の駅である東久留米駅と保谷《ほうや》駅に停車する。通勤準急は石神井公園《しやくじいこうえん》駅を通過するが、手前の大泉学園駅までは各駅に停車する。小田急の通勤急行は向ヶ丘《むこうがおか》遊園駅に停車するが、快速急行が停車する登戸《のぼりと》駅を通過する。

列車種別の面白すぎる英訳

列車種別が一番多いのは京阪である。快速特急、ライナー、特急、通勤快速急行、快速急行、急行、深夜急行、通勤準急、準急、区間急行、普通と11種類がある。

日本の鉄道の優等列車は急行からはじまった。急行の英訳はExpressである。次に特急が設定された。英訳はSpecialを冠するかと思いきや、「限定した」の英訳Limitedを冠したLimited Expressである。ただし京王はSpecial Expressにしている。

快速は「速い」の英訳のRapidにしている。このため、快速特急は直訳Rapid Limited Expressになる。通勤快速急行は「通勤」の英訳のCommuterを付け、Commuter Rapid Expressにしている。

準急はSub-Expressで準じた急行、区間急行はSemi-Expressで半分急行、普通はLocalである。

各停の英訳も普通と同じLocalにしている。Train stop at every stationにしてもいいように思うが長すぎるから採用されていない。しかし、回送はOut of serviceと長いから、こうしてもいいかもしれない。

快速は先述したようにRapidである。特急、すなわち特別急行はLimited Expressだから、それに倣って特別快速はLimited Rapidになるかと思いきや、こちらはSpecial Rapidである。ＪＲ西日本の新快速もSpecial Rapidである。

Rapidを Rabbit、つまりウサギと勘違いされている面もある。ピョンピョン跳ねるウサギだからまさしく快速の英訳にふさわしい。そうすると鈍行、すなわち普通はTurtle、亀がふさわしい。普通と各停の英訳を区別するのにいいかもしれない。

関西の準急は Sub-Expres だが、京王の準特急は Sub-Special Express ではなく Semi- Special Express にしている。

東京モノレールの英語の列車種別は全く違う。空港快速は Haneda Expres、区間快速は Rapid train となっている。

東武の区間準急は Section Semi-Express、区間急行は Section Express としている。section は日本語でつなぎ目あるいは区分け部分ということだから、Section が区間の英訳に一番似合うと思うがどうだろう。

なお、京阪の深夜急行は Midnight Express である。

ついに使われなかった種別「超特急」

東海道新幹線が開業する前、〝夢の超特急〟といわれており、走る列車の種別も超特急になるものと思われていたが、いざ開業すると特急が正式な列車種別となった。在来線と区別するために新幹線特急とされたものの、やはり特急である。

開業時にはA料金〜C料金の3種の新幹線特急料金が設定されていた。A料金は東京―新大阪間3時間運転対象、B料金は4時間運転対象、C料金は5時間運転対象とした。開業時は「ひかり」が4時間運転だったのでB料金、「こだま」は5時間運転だったのでC料金だった。そして1年後に「ひかり」は3時間運転となってA料金になり、「こだま」は4時間運転になりB料金になった。

ではC料金は1年間だけのことだったのかというと、この料金設定時には、速度を落とした夜行列車を走らせることも考えられていたので、C料金は将来の夜行列車用として残していた。

また、設定時には列車愛称が決まっておらず、A料金は超特急用、B料金は特急用

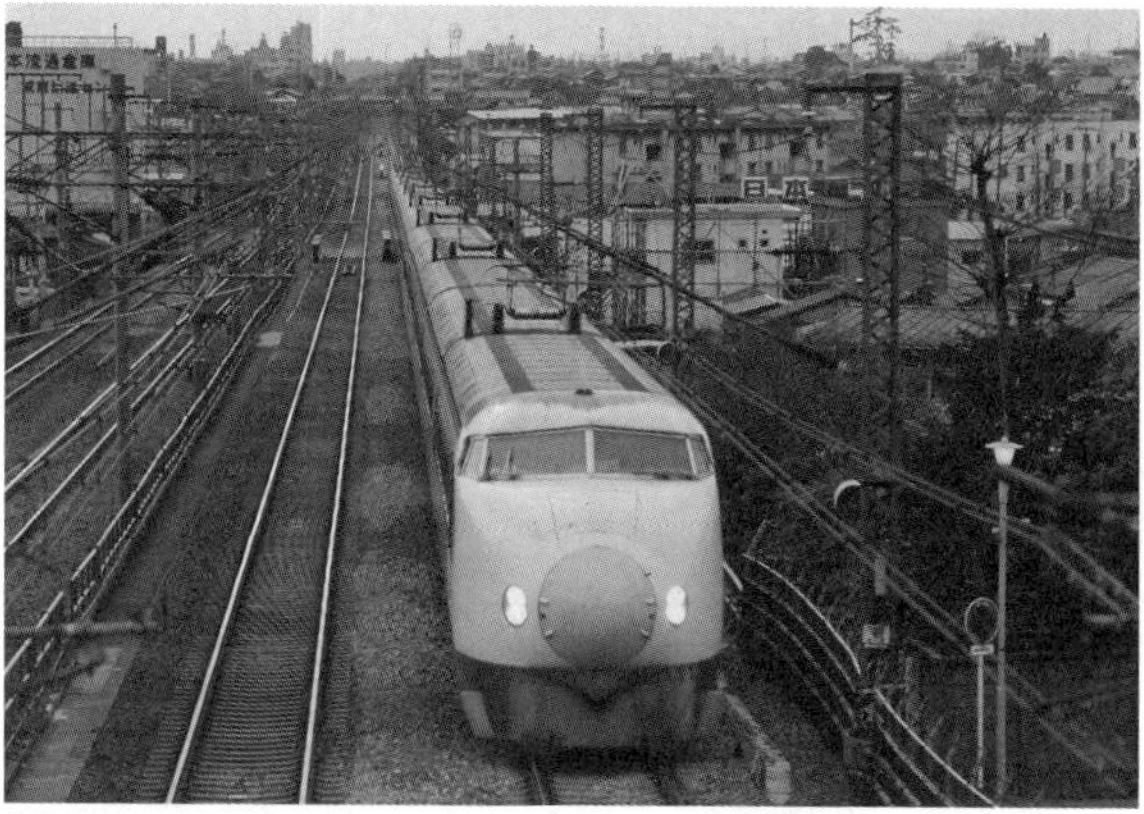

新幹線「ひかり」

新京阪線の特急を再現。阪急正雀車庫に動態保存されているデイ100形

としていた。正式ではないが国鉄部内では超特急の字句は使われていた。開業後の国鉄の営業案内では「ひかり」料金、「こだま」料金に変更されている。

当時の時刻表の新幹線の特急料金表欄を見るとA料金（4時間特急）、B料金（3時間特急）と書かれ、時刻表欄には列車名はあっても列車種別は書かれていなかった。

ただ面白いのは、開業当時の『交通公社の時刻表』の列車公衆電話の案内欄に、超特急「ひかり」、特急「こだま」の文字が書かれている。また、交通公社関西版の『時刻表』には昭和45年まで超特急「ひかり」、特急「こだま」と書かれていた。

もう一つ、正式には特急だが超特急と呼ばれていた列車として、東京—神戸間を昭和初期に走っていた特急「燕」がある。この「燕」に京都—大阪間で対抗心を燃やした京阪電鉄新京阪線（現阪急京都線）の特急は、ずば抜けて速かったことからこれも超特急と呼ばれていて、新京阪線の特急は山崎駅付近の東海道本線並行区間で「燕」を抜き去るダイヤで走らせていた。

京急は特急より速い列車を設定するときに、超特急では古臭いと感じたのか快速特急（現在は快特）とした。そして他の私鉄も快速特急を採用するようになり、超特急という列車種別はついに正式採用はされなかったのである。

第3章

発着番線の付け方はどうなっている？【線路・施設 編】

切符の数え方は「枚」ではなく「札」

切符の数え方は「枚」が使われるが、正式には「札」である。読みは「さつ」だが、「ふだ」と読めば「札」と数える理由がわかる。

切符というのは最小限の契約内容が記載されている。乗客が切符を買うということは鉄道会社と契約を結ぶということで、切符は簡単な契約書なのである。

乗車区間とその運賃、有効期間、発行日、途中下車の可否、発行番号（契約番号）等が書かれている札《ふだ》なのである。約款そのものは有人駅の事務室に置かれており、乗客、つまり契約者が閲覧を希望すれば鉄道職員は拒むことができない。私鉄やJR各社の公式ウェブサイトにも掲載されている。しかし、鉄道の約款は非常に分厚く、かつ一般にはわかりにくい用語で書かれている。読んで理解するには辛いものがある。

切符のことを「札」と読むから、改札口や自動改札機の「札」は切符に穴を開けることからきている。切符を売る場所を出札、回収することを集札というのもそういった理由からである。

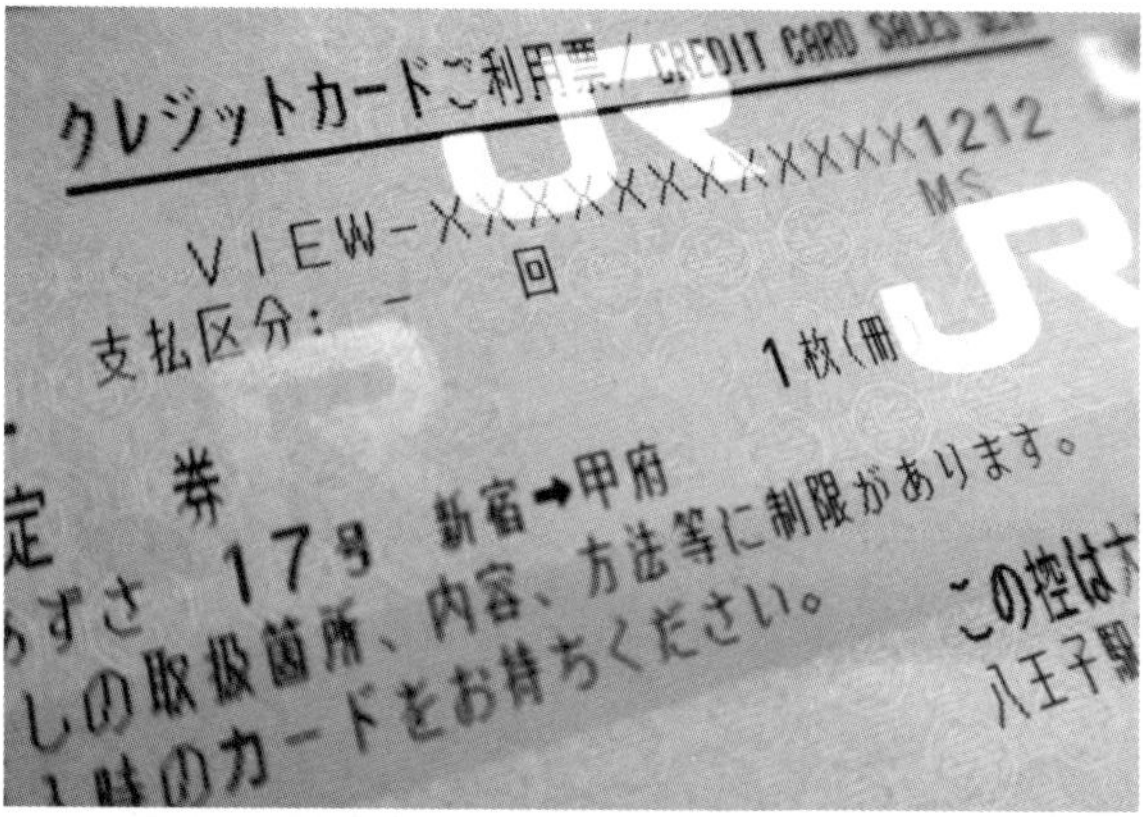

クレジットカード利用票

　また、約款書、つまり本だから、「札《さつ》」を「冊《さつ》」と置き換えて読むこともある。JRの切符をクレジットカードで買ったときに渡されるクレジットカード利用票には「1枚(冊)」と書かれていることで、冊という読み方もなされていることがわかる。

　切符には小形の金額式や定期券と同じ大きさ、さらにもっと横長になっているものや、手書き記入式など多数がある。

　金額式は近郊区間などで発行されており、券面が小さいため経由が記載されていない。しかし、約款には「乗車経路が多数ある大都市近郊区間内では経路を指定しない」旨が規定されており、一筆書きの遠回りルートで乗れる根拠になっている。

線路の数え方は「本」ではなく「線」、ホームは「面」

線路の数は、長い棒のようだから「本」と数えられることが多い。しかし、2本のレールと枕木やバラスト（砕石）を合わせたものが線路だから、「本」はおかしい。ということで、他の数え方の単位がないことから、「線」と数える。

よく使われている言葉に〝島式ホーム2面4線〟などという言い方がある。島式ホームとは、両側に線路が面しているホームのことである。片方だけのときには片面ホームや相対式ホームという。

そしてホームの数え方は「面」となる。面の広がりがあるからである。島式ホームという言い方があるが一般的ではない。

2面4線とは、島式ホームが2面あって線路が4線あることを示している。

JRの中間駅は、片面ホームと島式ホーム各1面で線路は3線となっているところが多い。片面ホーム側に駅本屋《えきほんや》（駅舎）があり構内踏切や跨線橋を通らずに行けるので主として主要列車が発着する。島式ホームの内側は中線《なかせん》といって、優等列車待避や折返列車が停車する。機回線の役目もする。外側は逆方向の本線で、行き違い用である。

「4番線ホーム」という言い方は変

最近では、乗車案内に「4番線ホーム」などと案内されることが多くなった。線路とホームとは違うものだから、「4番線」あるいは「4番ホーム」でいい。ホームの数え方は面だが、ホームが2つある場合は第1ホーム、第2ホームのように名付けて区別している。

島式ホームの両側に線路がある場合、通常は1番線とか2番線とか番線名を付ける。始発ターミナル駅などに多く見られる、線路の両側にホームがある駅では、片方のホーム側を1番乗り場、もう片方を2番乗り場と区別しているところもある。多くは乗車用と降車用に分けており、降車用を2番降り場というのも変なので、通常はこれらを1番ホーム、2番ホームとして案内している。

だから「4番線ホーム」というのは線路番号とホーム番号を二重に表現することになるため、言葉としては変なのである。

発着番線の付け方は、何を基準にしている？

ＪＲ東京駅の線路は西側（丸の内側）が1番線になっており、東海道本線でみると上り線側が若い番号になっている。名古屋駅も同様だが、大阪駅は下り線側から若い番号になっている。ＪＲの駅をみると、なんの法則もなしに番号が付けられているように思われがちだ。しかし基準はちゃんとある。

じつは、駅長室に近い線路を1番線にしているのである。ただそれだけだが、では無人駅はというと、かつて有人駅だったときの駅長室側から付番するか、付番を省略している。

駅が高架や地下になったときには、地上時代に駅長室があった側から付番するのが基本だが、高架化・別線線増した山陰本線の梅小路京都西駅から亀岡までの各駅では上り線側を1番線として付番している。

乗客案内のための付番だから、貨物着発線や側線などがある場合はその線路を飛ばす駅が多いが、宇都宮線（東北本線）などではこれらを含めて付番している駅が多い。

新幹線のホームが加わる場合、在来線は1番から、新幹線は11番線から付番していく駅もあれば、小山駅や宇都宮駅のように新幹線の下り線を1番線として通過線も付番し、在来線と通し番線にするところもある。

東北新幹線では上野—新白河間の各駅は在来線と通し付番、郡山—盛岡間の各駅と新青森駅の新幹線ホームが11番から、いわて沼宮内《ぬまくない》—八戸《はちのへ》間が在来線駅と関係なく1番からはじまっている。

横浜駅で1番線を京急の下り線、2番線は同上り線、次に京浜東北・根岸線の南行を3番線、北行を4番線……とするように、私鉄と通しで付番する駅もあれば、池袋駅のように私鉄とは別にする駅もある。

大月駅は私鉄の富士急行が1、2番線、JR線が3~5番線になっている。松本駅では逆に松本電鉄が7番線になっている。

私鉄の場合は下り線側を1番線にして付番する会社が多いが、阪神は上り線から1番線にしている。また、西武と東武はJRと同様に、駅長室がある側から1番線にしている。

引込線って側線のこと?

側線《そくせん》のことを「引込線《ひきこみ》」と呼ぶことがあるが、これは間違いである。じつは現在の日本に引込線はほぼなくなっている。許認可された鉄道会社の線路から分岐した線路を鉄道会社以外の会社や組織が使用する線路を「専用線」といい、専用線も許認可が必要な線路である。その専用線から私的利用を目的に分岐した線路が引込線であり、許認可は必要ない。つまり、自分の土地に線路を引き込んだことから引込線という。昔は結構あったが、現在は皆無である。

日本全国の鉄道線路配置図（配線図）を描いた筆者としては、最後に残っていた引込線は、平成21年に調査した東海道本線大垣から分岐する美濃赤坂支線につながる西《せい》濃《のう》鉄道専用線側から分岐していたヤバシ石材工事という企業の引込線だったろうと思われる。しかし、専用線から分岐してヤバシ石材の作業場に入る手前はフェンスで仕切られ、敷地内では石材が置かれてすでに使用されていなかった。現在は石の加工場そのものが撤去され、更地になってしまっている。

岐阜県大垣市のヤバシ石材工事引込線。奥の西濃鉄道専用線から分岐していた

作業場内で引込線には石材が置かれてすでに使用できない状態だった

部署によって読み方が違う「機回線」

機関車を先頭にして後部に客車を連結した「機関車列車」が折り返すときに、機関車だけを切り離して、それまで最後部だった客車に連結して逆向きに走らせることがある。その回送の機関車だけが走る線路を「機回線」という。読みは「きまわしせん」が一般的だが、「きまわりせん」とも読む。読み方が2通りある理由は、運転関係の部署では機関車を回すことから「きまわしせん」、施設関係の部署では機関車が回る線路なので「きまわりせん」と読むからである。

このように、部署によって読み方や用語が異なっている例はほかにもある。旅客列車関係の部署では、列車が発車したり到着したりする線路は「発着線」と書くが、貨物関係の部署では「着発線」と書く。国鉄・JRの貨物関連の用語は、とくに他と違う書き方、言い回しが多い。貨物列車の編成を組み直すことを「仕訳《しわけ》」と書く。本来なら「仕分」とするところだが、鉄道以外の用語と区別するために仕訳にする。だから線路も仕訳線といった具合である。ちなみに、旅客関係では仕立《したて》、仕立線となる。

青森駅の場内信号機下にある線路名称。「奥」は奥羽本線、「東」は旧東北本線（現青い森鉄道線）、その上は線路番号

弘前駅の入換信号機の8番線は機回り線と「り」が付いている

本線、副本線、側線て何？

駅（停車場）施設でいう「本線」とは、旅客・貨物を含めて営業列車が走る線路のことである。複線の場合は、下り本線と上り本線の2線がある。本線がそれ以上ある場合は副本線と呼ぶ。副本線も本線のひとつである。営業列車とは乗客あるいは貨物を乗せて走る列車のことである。

副本線は、上下本線の間つまり内側にある場合は中副本線、通常は略して中線《なかせん》という。2線ある場合は中1番副本線、中2番副本線と付番していく。

上下本線の外側にある場合で、上り本線の外側にある場合は上り1番副本線、下り本線側だと下り1番副本線となる。

「側線」は本線以外の線路で、営業列車は走れない。走るのは回送列車や入換中の車両であり、貨物ならば仕訳中の車両が走る、あるいは留置する線路の総称である。

その留置線も電車を留置する場合は電留線、気動車ならば気留線となる。機関車にまつわる側線として機留線、機待線、機折線、機引上線と多数がある。

第4章

全面直通か限定直通か【相互直通 編】

「相互乗り入れ」？「片乗り入れ」？直通運転のいろいろ

2つ以上の異なる鉄道会社の路線同士が、相互に車両を融通して直通運転をすることを「相互直通運転」、あるいは「相互乗り入れ」という。多くは地下鉄と郊外路線との相互乗り入れである。これに対して片方の会社の車両が一方的に乗り入れをするのは「片乗り入れ」という。小田急「ロマンスカー」が箱根登山鉄道の箱根湯本駅まで乗り入れているのがそうである。

通常の相互直通は2社間か3社間で行われているが、東京都交通局の都営浅草線では京急、京成のほかに北総鉄道、芝山鉄道の4社との間で行われている。

なお、京成高砂—小室《こむろ》間は北総鉄道が自前で建設して運営しているが、小室—印旛《いんば》日本医大《にほんいだい》間は千葉ニュータウン鉄道が保有して北総鉄道に線路を使用させている。さらに京成もこの線路を使用して「スカイライナー」を走らせている。

京成は、北総鉄道の京成高砂—小室間のほか、印旛日本医大—成田空港間を保有している「成田高速鉄道アクセス」と「成田空港高速鉄道」の線路も使用して「スカイ

常磐線を走る千代田線代々木上原行き、東京メトロの乗入車

ライナー」や「アクセス特急」を走らせている。

これらの線路に走っている列車は直通運転とはいわない。運営している、つまり運賃を徴収して電車を走らせているのは京成であり北総であるから、表向きは京成と北総鉄道の路線だからである。

同様のことが白金高輪―目黒間でもいえる。同区間を保有しているのは東京メトロだが、東京都交通局も線路を使用して運営しているので都営三田線の線路でもある。

相互直通しているのは都営三田線・東京メトロ南北線の2社局と東急目黒線との間であり、南北線は反対側の赤羽岩淵から先の埼玉高速鉄道とも相互直通を行っている。

相互直通の車両使用料はどうなっている？

相互直通運転の車両使用料は、基本的には、他社線内を走る延べ走行キロを互いに同じにして相殺《そうさい》する。

たとえば大阪メトロの御堂筋線と北大阪急行とは相互直通運転をしている。営業キロは御堂筋線が24・5キロあるのに対し、北大阪急行は5・9キロと短い。大阪メトロの車両は北大阪急行の車両の約4倍走らせないと相殺できない。

ようは互いの路線で〝自社車両が走っていた〟と仮定して、車両数を揃えて直通運転をするということである。

だから、5社局あったとしても、自社のダイヤに必要なぶんだけ車両を揃えておけばまかなえるということである。しかし、それでも調整がつかないことも多く、そんな場合は他社線に車両を貸し出すかたちで調整する。

たとえば京王線を走る都営線車両の走行キロが超過することがある。その場合は都営線内だけ走る運用に京王の車両を充てて相殺している。

阪神・近鉄の相互直通はレアケース

阪神なんば線が開通して、阪神と近鉄が相互直通を開始した。それまで各地で行われている相互直通は車種を統一するばかりでなく、運転席回りの取り扱い機器や表示もほぼ統一していたが、阪神と近鉄ではほとんど統一されていない。

そもそも阪神は車体長19m、近鉄は21mと規格が違う。しかも阪神は片側3扉、近鉄は4扉なので扉位置はバラバラになる。そのため、通常のホームドアの設置は無理である。

車体の長さは異なるのに、相互直通の車両使用料の相殺は他と同様に車両の延べ走行キロで行っている。同じ10両編成でも阪神車の長さは190m、近鉄車は210mなのでほぼ1両分の差が出てしまう。

快速急行は近鉄難波線・奈良線の大阪難波―近鉄奈良間32・8キロと、阪神なんば線・本線の大阪難波―神戸三宮間31・2キロを走るから、阪神車両と近鉄車両の比率はほぼ1対1になるが、普通・準急に関しては阪神側はなんば線しか走らず、同線の営業キロ10・1キロに対して、近鉄難波・奈良線は大阪難波─近鉄奈良間32・8キロ、大阪難波─大和西大寺間28・4キロ、大阪難波─東生駒間21・5キロと長いので、近鉄車の走行が3倍ほど多い。

運転取り扱い機器も、従来の両社の配置のままにして統一していない。また、案内図などで快速急行は近鉄側は赤、阪神側は青のラインにしており、乗車目標案内も近鉄線内の駅では近鉄車が○、阪神車が△にしているが、阪神線内の駅では逆に近鉄車を△、阪神車を○にしている。

乗務員交代は境界駅の大阪難波ではなく、一つ阪神寄りの桜川駅で行っている。桜川駅に近鉄の引上線があり、近鉄の回送電車の多くが、桜川駅で折り返しているため運転上の境界駅を桜川駅にしている。これについては、北陸新幹線のJR西日本とJR東日本の境界駅は上越妙高駅だが「かがやき」は同駅を通過するため長野駅で乗務員交代をしているのと同じである。

以上のように、近鉄と阪神の相互直通は、他の相互直通とは多くの点で異なっている。同様に、阪神と山陽電鉄との相互直通では車両の長さについてはほぼ同じにしているが、運転機器に関してはやはり統一されていない。

阪神車10両編成による近鉄奈良行快速急行

近鉄車10両編成による近鉄奈良行快速急行

全面直通か限定直通か、その理由はターミナルにあり

東急田園都市線と東京メトロ半蔵門線とは、ほぼ全列車が相互直通をしている。つまり「全面直通」である。半蔵門線は押上《おしあげ》駅で東武伊勢崎《いせさき》線とも相互直通しているが、伊勢崎線の電車すべてが直通してはいない。一部の電車が直通する「限定直通運転」である。相互直通を最初にはじめた東京メトロ日比谷線と東武伊勢崎線とは限定直通である。その後東急東横線とも相互直通を開始したが、やはり限定直通であった。

都営地下鉄浅草線と京成押上線とは今は全面直通をしているが、はじめた頃は限定直通だった。京急とは現在でも限定直通である。

限定直通をしている多くの理由は、私鉄各社が起点にターミナルを置いていたためである。その途中の駅で地下鉄との相互直通すればターミナルの混雑を緩和できるのだ。また、京急の場合はすべてが浅草線直通仕様の車両ではないために、品川駅と泉岳寺駅で折り返す電車がある。

小田急の代々木上原、国鉄（ＪＲ）中央緩行線の中野、西武池袋線の練馬、東武東上

日比谷線東銀座駅に到着した東武乗入車

線の和光市の各駅から、都心への地下鉄との相互直通を、限定直通で開始した。

しかし、帰宅時にはやはりターミナル駅を経由して、ターミナル駅や周辺の繁華街でショッピングや飲食をしたい、あるいは始発駅から座って帰りたいといった理由から、ターミナル駅を経由したがる乗客が多く、途中駅での分岐では混雑緩和の効果が今一つだった。そこで、京王と都営新宿線は、新宿駅で京王新線との全面相互直通を始めた。限定直通が長らく主流だったが、この都営新宿線と京王新線との相互直通からは全面直通をすることが多くなった。

先述した南北線・三田線と東急目黒線、埼玉高速鉄道等々がそれである。

変わった相互直通が近鉄と京阪にあった

現在、近鉄と京阪は相互直通運転をしていないどころか、線路もつながっていない。しかし、以前は京阪の丹波橋駅に近鉄京都線が乗り入れていて、近鉄と京阪とで相互直通運転をしていた。

近鉄車は、奈良方面発着の電車が丹波橋駅で京阪本線に転線して、京阪の三条駅に乗り入れていた。京阪車は丹波橋駅で近鉄京都線に転線して近鉄京都駅に乗り入れていた。行先は異なるものの、これも相互直通だった。

相互直通の運転開始は、近鉄京都線が奈良電鉄だった時代の昭和20（１９４５）年の暮れだった。それまでは京阪の伏見桃山駅と、奈良電鉄の桃山御陵前との間で乗換駅にしていた。しかし、１００mほど歩くということで、奈良電鉄の線路を付け替えて丹波橋駅に乗り入れさせたのである。

ところが奈良電鉄は昭和38（１９６３）年に近鉄に合併され、近鉄京都線となってから運転本数が増えてしまい、丹波橋の大阪寄りで両線が平面交差していることから、

京阪1000形流線形電車による天満橋発近鉄京都行

近鉄820系による準急近鉄奈良発三条行

地上時代の三条駅の一番左の4番線に乗り入れた近鉄820系。4番線はずっと奥にホームがあった

両線とも運転上のネックになってしまっていた。

そこで奈良電鉄時代の元のルートに戻すことでネックを解消し、元のルート上には堀内駅があったのを近鉄丹波橋駅に改称して分離した。昭和43（1968）年のことである。

現在、乗り換えが不便なので、昔のように同じ駅にしてほしいとの要望があるが、京都・三条寄りは元の直通用路盤が残っているものの、大阪・奈良寄りの路盤は売却されて跡形もない。

復活するには地下化するしか方法はないが、これも無理がある。

湘南新宿ラインも相互直通運転？

国鉄時代の昭和47（1972）年に総武快速線が東京駅へ乗り入れ、昭和55（1980）年には、横須賀線と東海道本線とを分離するために東京―品川間に横須賀線用線路を地下線で線増して、総武快速線と線路をつないで直通運転を開始した。

当時、総武線は千葉鉄道管理局、横須賀線は東京南鉄道管理局と管轄が異なっており、車両の運行などは管理局ごとに行っていた。管理局が異なることから、国鉄はこれも相互直通運転だとしていた。同様の相互直通運転は中央・総武緩行線でも行われていた。総武緩行線は千葉鉄道管理局、中央緩行線は東京西鉄道管理局が管轄していた。

JR発足後に湘南新宿ラインの運転を開始した。これも東海道貨物支線と東北貨物支線、山手貨物線を介している。

東海道貨物支線は元東京南局であり、東北貨物支線は元東京北局だったことから相互直通運転の一種だと開設当時はいわれていた。

また、鉄道省時代から上野東京ラインと同じ方式をとる案はあったものの、それが実現するとはだれも思わなかった。東京駅でつながっている東海道本線と東北本線なので、東北本線の列車仕立てを田町《たまち》の車両基地で行い、東海道本線は尾久《おく》の車両基地で行えば、東京駅と上野駅での機回しは必要なくなり合理化できる。

しかし、田町の車両基地にあった東京機関区の機関車は、最新鋭機が配置されていた。それを尾久にとられるのを、誇り高い東京機関区の職員らはよしとしなかったのである。東京鉄道管理局が西と北、南に3分割されてからも、南局が一番格上だとし、直通してきた北局の車両の整備をするのを認めたくなかった。

このため、東北本線と東海道本線は線路がつながっているにもかかわらず、国鉄時代には相互直通はついにできなかった。JR東日本になってようやく実現した。

新幹線も、東京駅で東北新幹線と東海道新幹線とのレールをつなげて、東海道新幹線電車の多くを大宮始発とし、東北新幹線電車は大井にある車両基地をねぐらにするという計画が国鉄にはあった。

このため大宮の北側、今の鉄道博物館あたりに東海道新幹線の電留線を置くことにしていた。鉄道博物館に隣接する新幹線の高架下をよく見ると、電留線への入出庫線

新幹線大宮駅の新青森寄りで上下線間が開いて、その間に地上への入出庫線が設置できるようになっている

が通れる構造になっているのがわかる。

　上野東京ラインはＪＲになったから実現したが、東北新幹線と東海道新幹線の相互直通運転は、ＪＲになって東日本と東海に分割されたことも手伝って、今のところ実現はしない。

　一方、関西では国鉄時代に関西本線の快速が大阪環状線に乗り入れて大阪駅を経て天王寺まで一周するようになった。

　大阪環状線の寺田町―天王寺―西九条間は天王寺鉄道管理局（略して天鉄《てんてつ》局）、西九条―大阪―寺田町間は大阪鉄道管理局（略して大鉄《だいてつ》局）が管轄していたので、これも相互直通とされた。

えちぜん鉄道と福井鉄道は鷲塚針原―越前武生間で相互直通運転をしている

富士急行線に片乗り入れしているJR特急「富士回遊」号

第5章

列車の数え方は「本」であって「便」ではない

【鉄道用語 編】

「出発進行」は発車合図ではない

運転士が列車を発車させるときに「出発、進行」と言う。新しい路線が開業するとき、初列車が発車する際にも駅長が右手を上げながら、やはり「出発、進行」と言う。これらをもって発車の合図と思われているが、じつはそうではない。

運転士は、まれに「出発、注意」と言うときもあり、また、駅を通過中にも「出発、進行」、あるいは駅に停車するとき「出発、停止」と言っている。

「出発、進行」は、駅の前方に設置されている「出発信号機」の表示（信号現示《げんじ》という）が「進行」になっていることを運転士が確認して喚呼《かんこ》しているのである。

信号機に緑色1灯が点灯していると「進行」現示となる。黄色1灯が点灯しているときは「注意」現示となる。赤色1灯だと「停止」現示である。このほか、注意現示と進行現示の間に、緑色と青色がそれぞれ1灯ずつ点灯する「減速」現示がある。

進行現示とは、前方に列車が走っておらず、運転している列車が進んでいい、あるいは発車していいということである。

注意現示は先の先、つまり二つ先の信号機の向こうに先行列車がいることを示しているので、注意して進めという意味であり、一般的には時速45キロ以下で走ることになっている。減速現示は基本的に三つ先の信号機の向こうに列車がいるということで、制限速度は70キロ前後である。

停止現示は信号機の前方に列車がいることだが、出発信号機が停止現示しているときは、駅に停車せよということである。

また、ＪＲ西日本の天王寺駅の関西線から阪和線に入る出発信号機と、阪神電鉄の出発信号機には「警戒」現示がなされている。警戒現示は黄色が2灯点灯する。警戒は停止と注意の間に現示されるもので、最徐行で走らなくてはならない。制限速度は25キロである。

出発信号機はすべての駅にあるわけではない。基本的にポイント（分岐器）がある駅、つまり追い越しや折り返しができる駅、単線では行き違いが可能な駅に設置されている。折返用線路では前方だけでなく後方にも出発信号機がある。これがないと折り返しができない。青森の弘南《こうなん》鉄道弘前東高前駅のように、まれにポイントがない駅でも出発信号機がある。

新幹線では「出発進行」とは言わない!?

前項で述べたように、大きな駅のホームの先にあるのが出発信号機であることはおわかりになったと思うが、新幹線では地上に信号機はない。そのため「出発進行」の確認喚呼はしない。

では、どう喚呼しているかというと、たとえば「信号70」である。信号70とは、時速70キロまで出していいという意味である。

新幹線には線路の横に信号機はなく、運転席の計器盤に何キロ出していいかが現示される。これを「車内信号方式」という。

新幹線が駅を出発するときは、まず70キロ出していいと現示され、そして段階的に制限速度を上げて表示されていく。

多くの地下鉄や私鉄にも車内信号方式が採用されている。運転席近くにいると、「チン」という音がして、運転士が速度を上げたり下げたりしているのを見ることがあるだろう。これは、制限速度が変わったときに、「チン」と鳴らして運転士に知ら

山陽新幹線500系運転室

せているのである。

新幹線と同様に、確認喚呼は制限速度の数値を言う会社が多い。

また、止まれの停止現示は「×」、制限速度なしの進行現示は「○」を表示しているところもある。

東急では、駅停車後に発車する際、車内信号が「×」から「○」に変わる。そのとき、「出発進行」と喚呼して発車させている。

また、デジタルATCになっている京王のような路線では、速度制限が必要な場合などには速度計の周りに現行速度から制限速度までの間に逆△印を多数表示したうえで、速度超過時には自動的にブレーキをかけている。

確認喚呼は出発信号機に対してだけではない

信号機には二つの種類がある。一つは出発信号機のように人為的な介入ができるもの、もう一つはまったくできないものである。

前者には出発信号機のほか、駅の手前に設ける場内信号機があり、運転士はその現示を見て「場内、減速」などの確認喚呼をする。出発信号機を停止現示にすると、場内信号機は警戒（ない場所もある）↓注意↓減速（ない場所もある）の順に現示する。出発信号機を進行現示にすると、場内信号機も基本的にすべて進行現示になる。

介入できない後者は、駅間にある「閉塞《へいそく》信号機」である。列車が走っている後ろ側の信号機は自動的に場内信号機と同様の順で各現示を示す。こちらは人為的介入はできず、すべて自動的に現示していく。

このときの確認喚呼は「進行」のように、信号現示そのものを喚呼するのが一般的だが、これを「しんこう」とは言わずに「しっこう」と言わせている私鉄もある。

閉塞信号の現示にはこのほか、京浜急行にある「抑速《よくそく》現示」と、成田スカイアクセス線の成田湯川―空港第2ビル駅間にある「高速進行現示」が加わる。抑速現示は減速と進行の間の現示で、制限速度は100キロである。京急線では信号機間隔が短いのに、最高速度120キロで走らせるために追突防止の観点から設置されたものである。減速現示を点滅させると抑速現示となる。このため頭文字をとって「YGF現示」とも呼ばれる（YGは黄色＋緑色の減速現示、Fはフリッカー・点滅）。

高速進行現示は時速160キロで走る在来線のために新設されたものである。130キロまでは進行現示で事足りるが、160キロとなると進行現示より上の現示が必要になることで採用された。

最初は、北陸新幹線の金沢延伸まで160キロ運転の特急「はくたか」が走っていた、北越急行ほくほく線に設置された。金沢延伸で特急は廃止され、160キロで走る列車がなくなって高速進行現示も廃止されたが、平成22年に開業した成田スカイアクセス線で京成「スカイライナー」が160キロ運転を開始して高速進行の現示がなされている。

緑2灯が点灯するのでGG信号とも呼ばれ、GG信号を現示する信号機には6灯も並んでいるものもある。

東武特急スペーシアが通過したので、手前の閉塞信号機は停止現示になっている。奥の閉塞信号機は進行現示になっている

珍しい出発信号機の警戒現示（黄色2灯点灯）

出発信号機の進行現示

場内信号機

高速進行現示がある成田スカイアクセス線の新根古屋信号場の出発信号機は、6灯も設置されている

かつて「SL」は業界用語だった⁉

蒸気機関車の略称は「SL（Steam Locomotive）」であるが、今ではSLが蒸気機関車の代名詞になっており、ほとんど蒸気機関車とは言わなくなっている。かつては「蒸気機関車（SL）」と、「SL」が副名詞のような扱いだったが、現在は「SL（蒸気機関車）」と「蒸気機関車」が副名詞のような扱いになっている。

ところが、蒸気機関車が全盛だった頃は「SL」という用語は一般には使われていなかった。

一般には「汽車」、「蒸気機関車」であり、文学的には「鉄馬《くろがねうま》」だった。現場の鉄道職員では「蒸機」、「カマ」、あるいは単に「機関車」が蒸気機関車を指す用語だった。

ではSLという用語は誰が使っていたかというと、国鉄の管理部門だ。統計などで「蒸気機関車」と書くのは画数が多くて煩わしく、「SL」と書けばそれぞれ1画で済み記入作業がはかどるからである。

珍しく補機のディーゼル機関車なしのC11単機牽引による東武の蒸機列車「SL大樹」

今ならコンピュータに単語登録して、「じょ」と入力すれば「蒸気機関車」の文字が出るようにすることもできるが、当時はすべて手書きで記入するから、英語略称にするのが簡単だった。

ただし、「SL」は和製英語である。というより国鉄製英語であり、海外では通じない。英語ではスティーム、ドイツ語ではタンプスである。

また、「SLに乗る」というのは〝蒸気機関車に乗る〟ということなので、誤った言い方になる。一般の乗客は機関車に引っ張られる客車に乗ることになるから、正確には「汽車に乗る」と言うべきである。

ほかにもある、略称いろいろ

ＳＬは、前項のように国鉄製英語なので海外では使われていない。

国鉄は電気機関車のことをＥＬ（ＥはElectric）、ディーゼル機関車はＤＬとした。では電車はどう略しているかというとＥＣとした。ＣはCarの略である。ディーゼルカー（気動車）はＤＣである。車体に動力がなく機関車に引っ張られる客車は、Passenger CarでＰＣ、貨車はFreight CarなのでＦＣとしている。新幹線は、英語直訳ではNew Trunk Lineなので、新幹線電車はそのTrunk（幹）をとってＴＥＣとした。けっして東海道新幹線のＴではない。

国鉄では付けなかったが、ＳＣという略語になる車種がある。Steam Carのことで、蒸気機関で走る車両ということだが、これは「蒸気動車」と分類されるものである。

客車に小型の蒸気機関が組み込まれ、１両で走ることができる車両である。明治期に各所で実用化されたが、ガソリンカーやディーゼルカーの登場でお蔵入りし、日本で現存する保存車両は１両しかない。名古屋の「リニア・鉄道館」にホジ６００１４号

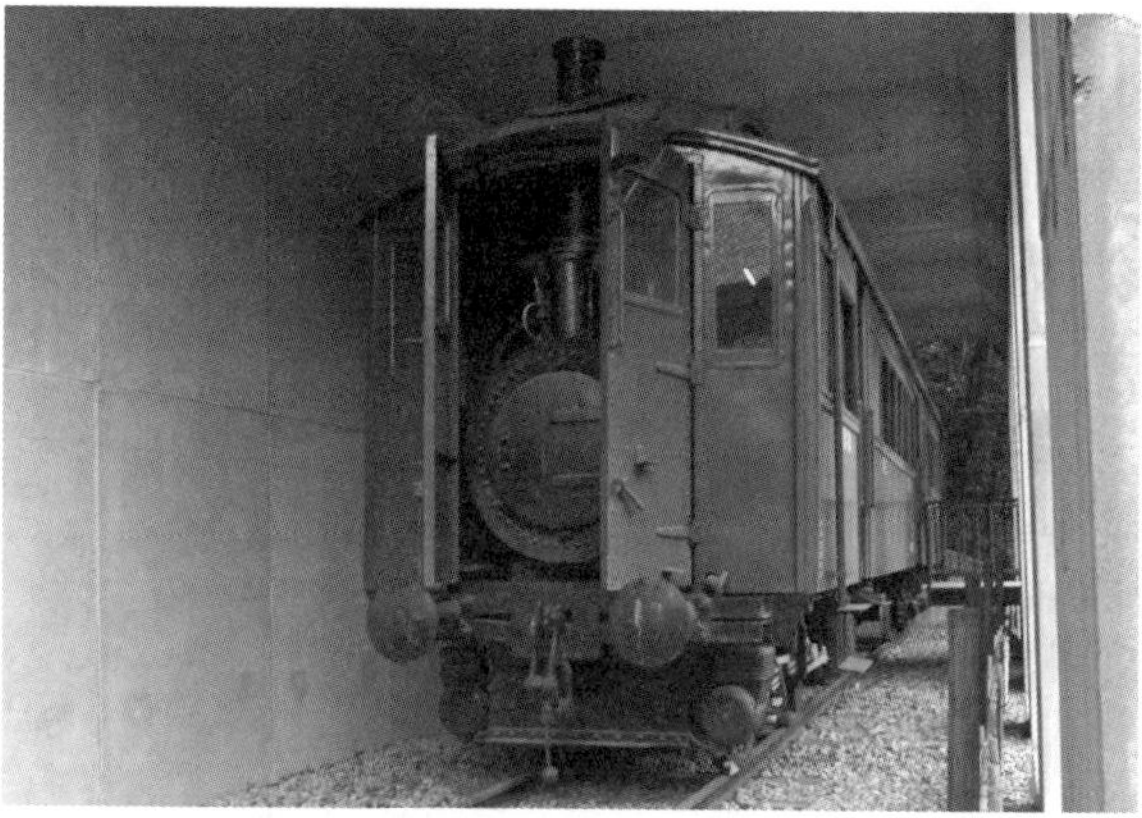

明治村に保存されていた頃の蒸気動車ホジ6014。車内にボイラーや煙突があるのがわかる

が保存展示されており、国の重要文化財に指定されている。ともあれこれら英語の頭文字をとった略称は国鉄が付けたものなので、何度もいうが海外では通じない。

電車には運転台とモーターがある制御電動車と運転台があってモーターがない制御車、運転台もモーターもない付随車などがある。これらをクモハとかのカタカナ表記（257ページ参照）がなされるが、英字記号で簡略表現もなされている。

クモハは電動制御車なので、モーター付コントロールということでM_c、クハはトレーラーコントロールでT_c、サハはT、中間電動車はM、グリーン車サロはT_S、食堂車はT_D、ビュフェ車はT_Bとしている。

蒸気機関車は電車を見下していた⁉

このタイトルは擬人的な話ではなく、かつて蒸気機関車を扱う部門の人々は、電車関連の部署を見下していた。

蒸気機関車牽引の列車はいかにも重厚感があるが、当時の電車はバスと同様に単行か、せいぜい3両程度の編成両数しかなく、いかにも軽々しく感じられていた。

さらに、電気を供給しないと自力で走れない、すぐに故障する、路線を電化しないと走れないから長距離運転に向かない、動力のモーターが床下にあるので振動が激しく乗り心地が悪い、等々である。

電気機関車が登場したときも、碓氷峠を越える信越線の横川―軽井沢間のように、急勾配でトンネルが多い区間に限定して走らせていた。蒸気機関車だと長いトンネルでは煙がトンネル内に充満して、最悪は窒息してしまう。電気機関車ならそういうことはない。

横川―軽井沢間では、歯車とラックレールを噛《か》み合わせて急勾配を登り降りする

松本機関区で待機中の2両のD51

「アプト式ラックレール」を導入していた。蒸気機関車のラックレール式は構造が複雑だったが、電気機関車ならば簡単になるということで採用された。

しかし、初期の電車と同様に、故障することが多く、現場ではあまり歓迎されなかった。

とくに険しい横川—軽井沢間は致し方なかったが、他の急勾配区間では架線が不必要な、強力馬力の山登り専門の蒸気機関車のほうが扱いやすいとして歓迎された。それらは急勾配区間だけ連結する補助機関車（補機）として使用されたのである。たとえば奥羽本線福島—米沢間などには、動輪が5対あるドイツ製の4100形を導入した。

明治時代に「私鉄熱」ブームが2度もあった

明治5（1872）年に開通した新橋―横浜間は官設鉄道、つまり国が建設した鉄道である。明治7（1874）年には大阪―神戸間も開通し、以後、官鉄によって東海道線が敷設されていく。

しかし、当時の日本は富国強兵政策をとっており、ほかにもやるべきことが多数あり、鉄道建設に回す資金が少なく、東海道線を敷設するので精いっぱいだった。

明治14（1881）年に華族や第十五銀行など民間の出資で日本鉄道が設立され、東京―青森間を敷設することになった。日本鉄道という社名にしたのは、日本中に鉄道を敷設して独占することを目論んだためである。

しかし、明治20（1887）年に九州地区を敷設する九州鉄道が創立されたのを皮切りに、松山―三津間の伊予鉄道、小山《おやま》―前橋間の両毛《りょうもう》鉄道、水戸―小山間の水戸鉄道、新宿―八王子（のちに甲府）間の甲武《こうぶ》鉄道、大阪―桜井間の大阪鉄道、草津―四日市間の関西鉄道、神戸―姫路（のちに下関）間の山陽鉄道と、次々に創立願が出された。これが第1次私鉄熱ブームである。

明治28（1895）年に日本初の電気鉄道として京都駅―伏見下油掛（京橋）間に京都電気鉄道（のちの京都市電）が開業した。続いて名古屋電気鉄道（のちの名古屋市電）、大師《だいし》電気鉄道（現京浜急行）、小田原電気鉄道（箱根登山鉄道の小田原軌道線）、豊州《ほうしゅう》電気鉄道（別府《べっぷ》町―大分《おおいた》町間）、江ノ島電気鉄道と、続々と開業した。

これが第2次私鉄熱ブームである。別名電鉄熱ブームといわれ、鉄道駅から寺社への輸送を主目的にしていた。これが当たり、続々と電鉄が開業していく。

第1次と第2次の私鉄熱ブームにより、明治33（1900）年3月末には43の私設鉄道があり総延長は4515キロにもなっていたが、官設鉄道は1340キロにすぎない。第2次私鉄熱ブームは以後も続く。明治38年春には標準軌による都市間電車（インターバン）として阪神電気鉄道が開通する。大師電鉄も京浜電気鉄道と改称して同年冬に京浜間に都市間電車を走らせた。

以後、京阪電鉄、箕面《みのお》有馬《ありま》電気軌道（現阪急宝塚線）、大阪電気軌道（現近鉄奈良線）、瀬戸電気鉄道（現名鉄瀬戸線）、土佐電気鉄道などが開通。明治43（1910）年3月末に15企業体、総延長559キロの電鉄が開業している。

大正期以後、「私鉄熱」ブームが何度も起こる

日本鉄道や山陽鉄道など17の長距離私設鉄道が、明治39（1906）年に成立した鉄道国有法によって国有化された。建設中の未開業線も含む4834キロの路線が官設鉄道に加わった。買収後は帝国鉄道あるいは国有鉄道と称された。国有鉄道は略して国鉄とされ、国鉄の文字がはじめて文献上に載ることになる。17の私鉄には東武鉄道、南海鉄道など22社は含まれなかった。鉄道国有法には「一地方ノ交通ヲ目的トスル鉄道ハ此ノ限ニ在ラズ」との一文が入っていたために免れたのである。

地方交通の発展のために、より技術基準を緩くした軽便鉄道法が明治43（1910）年に公布・施行された。軽便鉄道補助法も翌年に公布され、大正8（1919）年までに合計2500キロの私設軽便鉄道が開業した。これが第3次私鉄熱ブームである。

新たに地方鉄道法が大正8年に公布され、軽便鉄道法は廃止された。1920年代になると東京、名古屋、大阪の3大都市が発展し、これに伴って3大都市の郊外から市街地を目指す郊外電鉄が建設されるようになる。

東京では池上電気鉄道（現東急池上線）、目黒蒲田電鉄（のちの東急目蒲線）、東京横浜電鉄（現東急東横線）、小田原急行鉄道（現小田急小田原線）の開業、武蔵野鉄道（現西武池袋線）と東武鉄道の電化、名古屋では愛知電気鉄道や名古屋電気鉄道の郊外延伸、大阪では新京阪鉄道（現阪急京都線）や阪和電気鉄道（現ＪＲ阪和線）、参宮急行電鉄（現近鉄大阪線）、阪神急行電鉄（現阪急）神戸線、神戸有馬電気鉄道（現神戸電鉄有馬線）の開業、南海鉄道の電化等々である。これを電鉄熱ブームというが第４次私鉄熱ブームともいえる。関西地区の開業が多く、関西では私鉄王国といわれる大半の路線が１９２０年代までに開通している。

戦後になって都市圏の住宅が不足していき、それに伴ってニュータウンが東京、横浜、大阪、神戸などの都市圏に建設される。そのアクセス路線としてニュータウン鉄道などが建設される。これが第５次私鉄熱ブームである。

多摩ニュータウンへの京王相模原線と小田急多摩線、千葉ニュータウンへの北総鉄道、横浜港北ニュータウンと田園都市の足として東急田園都市線と横浜市営地下鉄、大阪泉北ニュータウンへの泉北高速鉄道、千里ニュータウンへの阪急千里線延伸と北大阪急行電鉄の開業、神戸北神ニュータウンへの神戸市営地下鉄の建設等々である。

昭和30年代、大手私鉄は「○○カー」と付けるのがブームだった

阪神電鉄の「ジェットカー」は昭和33（1958）年に登場している。すでに60年以上も経過しており、現在造られているニュージェットシルバーは4代目である。

駅間距離が短い阪神なので、各駅に停車する普通が遅いと優等列車の邪魔をする。そのためにダッシュ力が強く、かつ一気に停まれる普通用電車が必要になった。そんな車両は、ジェット機が離陸時に一気に速度を上げ、着陸時に一気に速度を下げるのに似ているということで、ジェットカーと名付けられた。

1秒間に時速何キロずつ速度を上げるかの単位として「加速度」がある。初期のジェットカーの加速度は4・5である。だから10秒後には時速45キロになる。同様に、スピードを落とす減速度は5・0である。近鉄も同様に高加減速の「ラビットカー」を登場させた。高加減速電車は、ウサギがぴょんぴょんと跳ねていく姿に似ているからである。また、日本で初めての2階建て電車を「ビスタカー」として登場させている。京阪電鉄も高加減速性能の「スーパーカー」を同時期に登場させている。また特

急用車両の一部にテレビを装備して、これを「テレビカー」とした。南海電鉄は高野線用に「ズームカー」を登場させた。平坦《へいたん》線では高速に走れ、橋本以遠の山岳線では登坂能力を高める、両方の要求に応える電車なのでズームとしたのである。

阪急電鉄は一定速度で走れる「オートカー」を登場させた。ただし、オートカーだけは鉄道マニアが名付けたもので、阪急は「人工頭脳電車」としていた。

関西だけではない。今は各社で当たり前に使われている「ステンレスカー」は東急の十八番だった。京王は井の頭線用に「ステンプラカー」を出した。ステンレス車体だが、正面の窓回りは曲線にするために強化プラスチックを使っているために名付けられた。東武は優美で豪華な「デラックスロマンスカー」を、名古屋鉄道は小田急より先に運転席を2階に上げ正面を展望室にした「パノラマカー」を登場させている。また、西武鉄道は西武秩父線が開通したとき「ASカー」を登場させた。南海のズームカーと同様な性能を持つので All round Service Car としたのである。

しかし、現在「○○カー」としているのは、阪神の「ジェットカー」と近鉄の「ビスタカー」、それに最近登場した京阪の特急に連結する特別車両「プレミアムカー」の三つくらいしかない。

「ロマンスカー」を最初に走らせたのは小田急ではない

今でこそ「ロマンスカー」は小田急の登録商標になっているが、以前はロマンスカーといえば各私鉄の特急用車両のことだった。さらに、ロマンスカーという車両を最初に登場させたのは京阪である。

京阪は昭和2(1927)年に2人掛け転換クロスシートを採用した1550形をロマンスカーと称して宣伝した。転換クロスシートとは、背ズリを前後に移動することによって、座る向きを変える座席である。この方式はアメリカの都市間電車のインターバンで考案されたと聞く。国鉄最初のボギー車の下等車も、イギリス製の転換クロスシートが採用されていた。ただし板張りであった。

板張りの転換クロスシートがあったとはいえ、その後の各社の長距離列車は4人ボックスシートが主流、新京阪鉄道(のちの京阪電鉄新京阪線、現阪急京都線)の特急用デイ100形もボックスシートだった。そこに転換クロスシートによるロマンスカーが登場した。

昭和12（1927）年には京阪に流線形で転換クロスシートの1000形が登場した。続いて神戸市電も転換クロスシートの700形を登場させて、やはりロマンスカーとして宣伝した。その後戦時体制になってきて、男女が並んで座る転換クロスシートは不謹慎という風潮がでてきた。神戸市電の700形は座席が狭く快適でないし、男女がより密着するのはよくないとされたのかロングシートに改造された。京阪1000形は転換クロスシートで温存され、現在の特急用8000系までずっと転換クロスシートが引き継がれているが、ロマンスカーとして宣伝していたのは昭和38（1963）年登場の1900系くらいまでであった。

小田急では昭和24（1949）年に転換クロスシートの1910形が登場したが、この車両を特にロマンスカーとは言わなかった。近鉄や名鉄などにも転換クロスシートがあったからである。転換クロスシートやその後に登場した回転クロスシートを持つ私鉄車両の総称として、ロマンスカーがあった。

しかし、近鉄は「ビスタカー」、名鉄は「パノラマカー」、京阪は「テレビカー」、南海は「ズームカー」、東武は「デラックスロマンスカー」を宣伝し、「ロマンスカー」として宣伝している小田急が、やがてロマンスカーの名を独占するようになった。

ＬＲＴを「次世代型路面電車」と訳すのは非常に変！

ＬＲＴとは、高性能でバリアフリー化した路面電車システムである。国土交通省はＬＲＴのことを日本語では次世代型路面電車としている。

しかし、ＬＲＴはLight Rail Transitの頭文字をとったもので、どこにも次世代型の意味は入っていない。直訳すると軽量鉄道交通機関となり、路面電車の文字も入っていない。

日本にＬＲＴの言葉が入りはじめた頃には、軽快路面電車鉄道あるいは軽鉄道交通機関などと訳されていた。その後は軽快路面電車と訳した言葉が定着するようになった。

ＬＲＴはヨーロッパや北米の各都市で普及しているもので、統一された定義はないが、街の中心部分ではトランジットモール（歩行者天国）のなかを路面電車として走り、その周囲では通常の路面電車、一部は道路の下を走る路下電車あるいは高架電車とし、郊外では専用軌道を高速で走るものもあり、場合によっては一般の鉄道線にも

都電だけは中床ホーム

乗り入れる。

LRT車両のことをLRVといい、Vは車両を意味するVehicleの頭文字である。

車椅子利用者でも誰の手助けも必要とせずLRVに乗車できるよう、道路との段差がほとんどない低床車両にしている。この結果、お年寄りや子どもなども乗り降りがしやすくなる。

ただし東京の都電や東急世田谷線は、中床電車と中床ホームにして地上からはスロープでホームに行けるようにしている。

なお、江ノ島電鉄の江ノ島―腰越間は路面区間だが、江ノ島電鉄自体は法規上は鉄道線で、軌道線つまり路面電車線ではない。

ＬＲＴに変貌を遂げつつある路面電車線

日本では広島電鉄が最初にＬＲＴ化した。起点の広島駅電停は駅前広場の中にあり、人々が自由に行き交うさまは、歩行者天国のようである。広電西広島駅までは路面区間を走り、広電西広島駅からは鉄道線の宮島線に直通して宮島口まで行く。当初の直通車は中床車両が多かったが、現在の広島駅―広電宮島口間の直通電車は大半が低床車両になっている。また、ＬＲＴ化はしていなくても、都電を除いて日本にあるほとんどの路面電車線には低床車が走っている。そのなかでほぼ完全にＬＲＴ化しているのは、富山地方鉄道軌道線、高岡の万葉線《まんようせん》、福井の福井鉄道・えちぜん鉄道である。

富山地方鉄道では、令和２（２０２０）年3月に富山ライトレールを合併して鉄道線の岩瀬浜―奥田中学校前間に既存の南富山駅前と大学前から終日、閑散時には都心の環状線からも乗り入れている。万葉線は高岡駅前電停を、ＪＲ・あいの風とやま鉄道の駅前広場内に乗り入れており、同電停付近は歩行者専用になっている。六渡寺《ろくどじ》―越ノ潟《こしのかた》間は鉄道線である。速度は遅いけれどもＬＲＴだといってもおかしくはない。

JR富山駅を貫通して直通するようになった富山地鉄軌道線

JRの福井駅前広場に乗り入れを果たした福井鉄道

万葉線越ノ潟駅に停車中のＬＲＶドラえもん号

福井鉄道の福井駅電停も万葉線と同様に、駅前広場の中に移設された。赤十字前駅以北は路面電車線、以南は鉄道線であり、北の終点である田原町《たわらまち》駅から鉄道線のえちぜん鉄道の鷲塚針原《わしづかはりばら》駅まで直通している。

現在、宇都宮ライトレールが建設中である。ＪＲ宇都宮駅の東側から東進して、途中から専用軌道区間に入って鬼怒《きぬ》川を渡る。清原工業団地を南北に貫通して芳賀《はが》町に入って本田技研北門が終点になる。令和４（２０２２）年開業予定である。

その後、ＪＲ線を高架で跨いで大通りを西進、東武宇都宮駅付近を経て西側の桜通り十文字までの延伸予定がある。

列車の数え方は「本」であって「便」ではない

ときおりニュースなどで「列車を6便増発」といったアナウンスがなされることがある。しかし、これは「列車の本数を6本増発」とするのが正しい。また、「減便」ではなく「本数減」である。

なぜ、便ではなく本と数えるかというと、列車はたとえ単行であっても、長い棒のようなものということで本としている。飛行機やバスは基本的に長くないので便とするというのが一般的な現在の解釈ということだが、それだけではない。

明治の蒸気機関車の時代から「本」を使っていた。

その頃の蒸気機関車列車は「陸の王者」だった。大正期にバスが登場した。陸の王者を司る鉄道省は、貧弱で輸送力がないバスの数え方に本を付けるのはよろしくない、軽便鉄道に見習って便と数えるのが適当、ということで便となった。その後、旅客機が登場したが、多数を乗せるほどの大型機はまだなく、輸送力が貧弱だったのでこれも便と呼ぶのがふさわしいとした。

1両で走る車両を「1両編成」とは言わない

1両で走っている電車やディーゼルカー（気動車）を指して「1両編成」といわれることがあるが、1両だと編成を組むことはできない。だから編成とはならない。

1両で走る電車またはディーゼルカーという言い方をするしかないが、鉄道用語では「単行《たんこう》」という。

単一車両が走行することを略して単行としているのである。ただし、機関車が1両で走行するときは単行とは言わずに単機《たんき》と言う。

単行や単機でも運転上は「列車」として扱われる。というと、列車は列をなして走っているのだから、列がないのなら「単車」ではないのかといわれる。

だが鉄道で単車というと、初期の客車のことを指す。台車がなく、かつての貨車と同じ4輪車、つまり2軸車である。

1両で走る単行は、列をなさないものの、運転取り扱い上は列車として取り扱われるのである。

御影駅から石屋川車庫へ単行で回送される阪神ジェットカー

高架化されたえちぜん鉄道福井口駅を出発する単行の勝山行

新高岡駅付近を単行で走るＪＲ城端線気動車高岡行

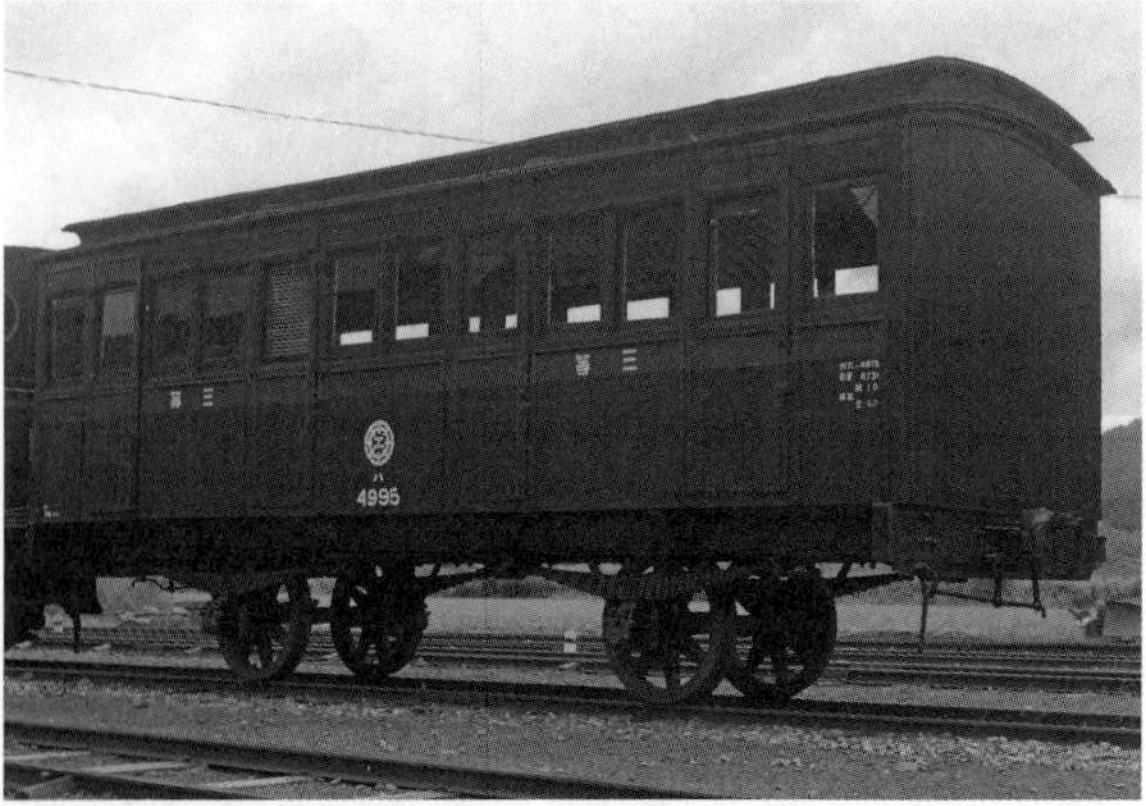

4輪単車の客車

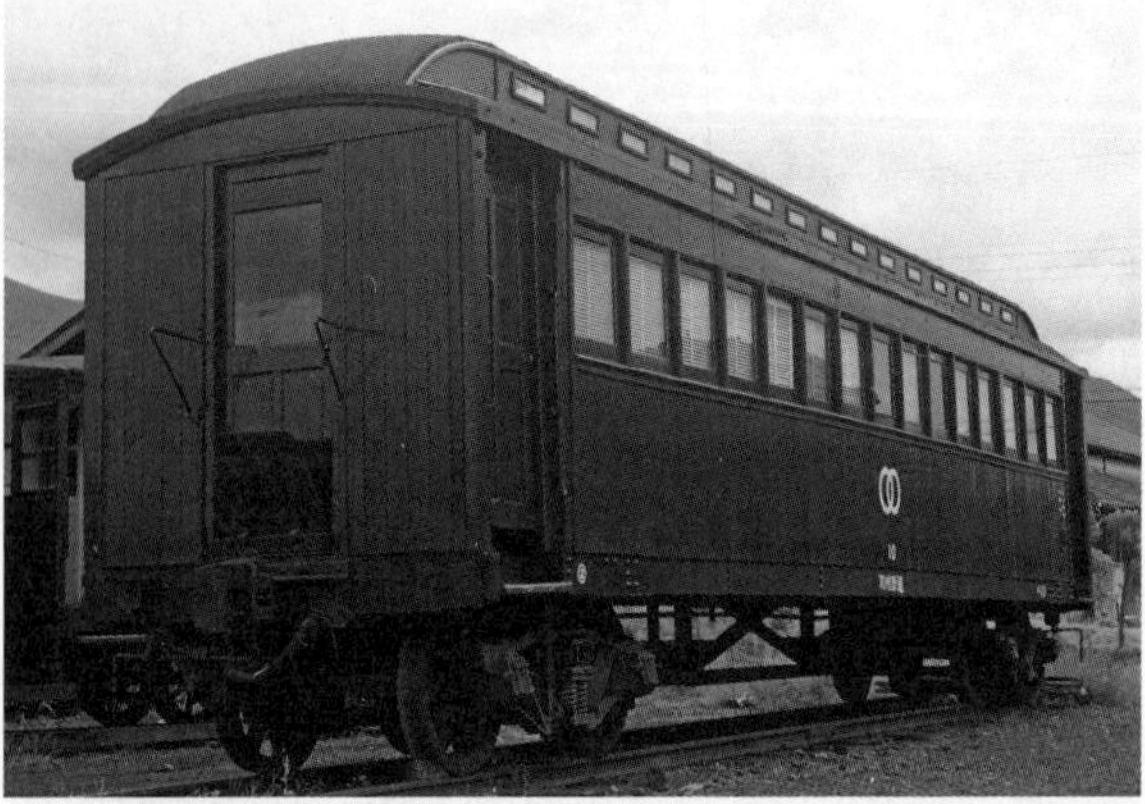

2軸ボギー車の客車

第6章

標準軌、狭軌以外の軌間もある【軌間編】

標準軌の「標準」ってなに？

通常の線路は2本のレールと枕木《まくらぎ》で構成されている。その2本のレールの内側の間隔を軌間《きかん》（ゲージ）という。

新幹線が採用している軌間は1435㎜である。この幅を「標準軌」という。私鉄を含め、多くの在来線の軌間は1067㎜で標準軌より40㎝ほど狭くなっており、この軌間のことを「狭軌《きょうき》」という。

在来線のほうが幅が狭いから狭軌というのは納得できるが、新幹線の1435㎜軌間をなぜ標準軌というのか疑問が出てくる。

じつは新幹線が開通する前は、日本では1435㎜軌間のことを広軌といい、1067㎜軌間を標準軌としていた。国鉄が標準的に採用していたためである。

広軌は、首都圏では京急や京成、そして地下鉄銀座線・丸ノ内線、都営地下鉄浅草線、箱根登山鉄道小田原（現在は入生田《いりうだ》）―強羅《ごうら》間、関西では近鉄の多く、京阪、阪急、阪神、山陽電鉄、大阪高速電軌（大阪メトロ）、名古屋市営地下鉄（東山線、名城線、名港線)、四国の高松琴平電鉄、九州の西鉄などの私鉄、地下鉄が採用していた。他の大部分は、国鉄と同じ1067㎜だった。

しかし、これは日本国内でのことであり、国際的には1435㎜が標準軌だった。新幹線が開業する前は広軌という言い方のほかに「国際標準軌」と言うこともあり、これに対応して1067㎜軌間を「日本標準軌」という言い方もされていた。

新幹線の開通で国鉄も国際標準軌を持つこととなって、1435㎜を標準軌、1067㎜を狭軌とするように変更したのである。

日本の多くの標準軌鉄道のルーツは電気鉄道だった。明治、大正期のモーターはかなり大きく、高速運転をするためには高出力のモーターが必要で、より大きくなる。これら大形モーターを台車に収納するには標準軌のほうがしやすかった。このため標準軌による電気鉄道が多く開通したのである。

また、最近開通した、いわゆるミニ地下鉄はリニアモーター駆動であり、これも標準軌のほうが収納しやすい。このためすべてのリニア駆動のミニ地下鉄は標準軌になっている。

標準軌、狭軌以外にも軌間はある

京王電鉄の京王線（支線を含む）や、同線と直通運転をしている都営新宿線の軌間はあまり例のない１３７２㎜である。この軌間のことを馬車軌間あるいは特殊軌間と呼んでいる。明治15（１８８２）年に開業した東京馬車鉄道はニューヨークの馬車鉄道のシステムを導入しており、この馬車鉄道の軌間が１３７２㎜だった。

官設鉄道は１０６７㎜の狭軌を採用し、これを〝標準軌〟として国内の鉄道の軌間を統一するため、１０６７㎜軌間を採用するように規制する私設鉄道条例を公布した。

しかし軌道条例、すなわち道路上に敷設する路面線では軌間の規制がなかった。京急や阪神も軌道条例のもとに開業し、軌間は１４３５㎜を採用した。とくに阪神は、路面区間を極力少なくして官設鉄道に対抗しなくてはならない。そのために「広軌高速」というフレーズで１４３５㎜を採用したのである。

東京馬車鉄道は電化ののち公営化されて東京市電になり、東京市内の路線網を拡充していった。その東京市電と直通した、あるいはしようとした、京浜電鉄、京成電気軌道、京王電気軌道、玉川電気鉄道、王子電気軌道も1372㎜軌間を採用した。

京成は戦後標準軌に改軌したが、京王電気軌道は現在の京王電鉄として、また玉川電気鉄道は東急と合併し、玉川線は廃止されたが支線の世田谷線が残り、王子電気軌道は東京市電に譲渡されて現在の都電荒川線となっており、今でもこれらは軌間1372㎜のままである。

京急も京浜電鉄時代の明治37（1904）年から昭和8（1933）年まで1372㎜軌間にして東京市電と直通運転をしようとしたが、実際に東京市電とレールがつながったのは大正14（1925）年である。京浜品川（現北品川）駅から市電の八ツ《やつ》山《やま》電停までレールを延ばして、国鉄品川駅向かいに京浜高輪駅を設置して、わずかな区間だが市電に乗り入れた。市電側も、京浜品川駅を改称した北品川駅まで乗り入れた。北品川駅にある保守用線路は市電の折返用だったのである。昭和8（1933）年に、国鉄品川駅に隣接した現在の品川駅へ乗り入れて相互直通は中止になった。

その後、黄金町以南を別会社で開業した湘南電鉄が1435㎜軌間だったので、品川―黄金町間を再び1435㎜に改軌して直通運転を開始した。

このほか、やはり馬車鉄道をルーツとする函館市電も1372㎜軌間である。

かつて京王線を標準軌化する構想があった

都営新宿線のルートが都市交通審議会によって確定した昭和47（1972）年当時は、新宿線を標準軌にすることが考えられていた。当然、相互直通する京王も標準軌に改軌することになる。標準軌に改軌すれば、計画中だった千葉県営鉄道（本八幡《もとやわた》—新鎌ヶ谷—小室間）も標準軌になり、千葉ニュータウンの先の仮称・印旛松虫《いんばまつむし》（現印旛日本医大）駅まで直通することもできた。

だが京王は改軌に費用がかかると反発し、1372㎜軌間にノスタルジーを感じる東京都交通局の職員もいて、結果、都営新宿線は1372㎜軌間になった。

しかし、標準軌になっていれば本八幡駅で京成電鉄に乗り入れて、あるいは馬喰横山《ばくろよこやま》駅で都営浅草線に乗り入れて、京王八王子駅や高尾（山口）駅、新宿駅から成田空港への直通電車が走ることになっていただろう。

なお、軌間の規制がないのは軌道条例だけでなく、明治・大正期に施行されていた軽便鉄道法も軌間に制限がなかった。そこで、より簡易な鉄道にするために軌間762

京王と都営新宿線は馬車軌間の1372mm

㎜にした軽便鉄道や軌道が続々と誕生した。

多くは１０６７㎜に改軌されたが、現在でも四日市あすなろう鉄道内部《うつべ》線・八王子線と三岐《さんぎ》鉄道北勢《ほくせい》線、黒部峡谷鉄道が７６２㎜になっている。これらは特殊狭軌と呼ばれている。

現在、日本の鉄道の軌間は１４３５㎜、１３７２㎜、１０６７㎜、７６２㎜の４つが認められている。

しかし、これらの軌間は、２地点間以上の区間で運賃を取って乗客や貨物を運ぶ運送業として国土交通省から認可あるいは許可されている鉄道である。運送業を目的としない公園内の２地点間を結ぶ鉄道はその限りではない。

軌間はなぜ中途半端な数値になっているのか

日本の鉄道の、4つの軌間は非常に中途半端な数値になっている。もっと切りのいい1400㎜とか1000㎜にしたほうがわかりやすい。一見そう思われるが、もともとはフィート・インチで決められたものをメートル法に換算したためである。特殊狭軌の762㎜は2フィート6インチ、狭軌の1067㎜は3フィート6インチ、特殊軌間の1372㎜は4フィート6インチと、1フィートずつ広くなっている。

標準軌だけは4フィート8・5インチと中途半端である。もともとヨーロッパの馬車のわだちの横幅が4フィート8インチだった。これをそのまま軌間に当てはめたものの、キチキチだったのでうまく車輪が回らなかった。そこで車軸のほうはわだちの幅にして軌間を0・5インチ広げて遊びをつくった。この4フィート8・5インチが世界に広まり国際標準軌になったのである。他の軌間は車輪の幅を少し狭くしている。

明治13（1880）年に日本の鉄道で3番目に開業した釜石鉱山鉄道は、2フィート9インチ（838㎜）軌間を採用し、廃止となった同鉄道の資材を流用して開業した阪堺《はんかい》鉄道（現南海電鉄）も2フィート9インチの軌間で開業し、南海鉄道になってから3フィート6インチに改軌した。人が車両を押して旅客や貨物を運ぶ人車《じんしゃ》鉄道や鉱山鉄道、森林鉄道には2フィート（610㎜）軌間を採用しているところも多い。後述する立山砂防軌道も610㎜である。

ドイツ陸軍の軍用鉄道には600㎜軌間があった。それに範をとった日本陸軍も600㎜軌間の小型軍用鉄道を採用し、その資材を譲受した千葉県営鉄道八街《やちまた》―三里塚間（大正3年開通、昭和2年に成田鉄道へ譲渡、昭和15年廃止）も600㎜軌間だった。最終的に秋田市電となった秋田馬車鉄道の軌間は4フィート6・75インチと中途半端であり、メートル法では1391㎜軌間で明治22（1889）年に開業し、大正11（1922）年の電化と同時に1067㎜に改軌している。

群馬県の馬車鉄道には1尺9寸という尺貫法による軌間もあった。メートル法では576㎜だった。明治41（1908）年に高崎水力電気と合併して明治43（1910）年に電化とともに1067㎜化し、最終的に東武鉄道伊香保《いかほ》軌道線になって昭和31（1956）年に廃止されている。

甲府―石和《いさわ》間で走っていた山梨馬車鉄道の軌間は2尺2寸（666㎜）だった。

国鉄在来線が狭軌になった意外な理由

多くの鉄道建設に関与した大隈重信公が、イギリス人からゲージ（軌間）をどうするかと聞かれたとき、ゲージの意味がわからず、諸外国ではどうなっているのかと聞くと、日本のような川や山が多く平地が少ないところでは、南アフリカなどに敷設されている3フィート6インチ（1067㎜）が適当と勧められた。

当時、3フィート6インチは南アフリカで採用されていたためにケープゲージと呼ばれていた。

勧めたイギリス人とはHoratio Nelson Lay（以下レイ）という人物だった。レイは建設資材の購入やイギリス人の鉄道技師の人選、イギリスで日本の鉄道建設の公債の発行などをするといった、いわゆる〝お雇い外国人〟だった。

しかし、したたかな商人でもあり、大隈公にケープゲージを勧めたのは、同じケープゲージを採用していたインドの中古資材を購入して、その利ザヤで大儲けをたくらんだためだった。

日本初代の鉄道建設技師長のエドモンド・モレルに、ケープゲージを導入することが承認されたと伝え、即刻インドの中古資材や機関車、客車、貨車などを発注した。レイはイギリスのネルソン提督の末裔だと一部の日本政府要人に信じ込ませ、それら要人だけに承諾を得て、12％の高利で鉄道建設の公債を発行、うち3％を自分の懐に入れようとした。このことが政府内で大問題になり、結局、東洋銀行が年利9％で引き受けることになった。

その後レイは解雇されるが、車両や機材は発注済みだったことから、新橋―横浜間の日本最初の鉄道は3フィート6インチ軌間にせざるをえなかった。

大隈公はその後、「日本の鉄道を狭軌にしたのは一生一代の不覚」と嘆いたが、時すでに遅かった。

明治5（1872）年に開通した新橋―横浜間の鉄道で使用開始した機関車10両のうち、3両は中古品、残る7両も注文流れ品である。客車やレールその他も同様だった。

日本初の鉄道は、ほとんど中古や注文流れの輸入品が使われていたのである。ただしイギリスのメーカー5社の記録としては新品になっている。

台車の改良により、広軌化せずに輸送力増大が可能になった

狭軌で開通した新橋―横浜間で用意した客車は58両だった。内訳は御料車（皇族専用）1両、上等車（1等車）9両、中等車（2等車）14両、下等車（3等車）26両、下等緩急車（下等室と車掌室の合造車）8両である。

2軸4輪単車の客車で、長さ6831㎜、幅2210㎜、高さ3328㎜、自重5・5トンだった。開業前に上等車10両と中等車の40両が輸入され、上等車の1両は御料車に、中等車の26両は下等車に改造され、次に下等緩急車8両を輸入した。

東海道線の全通間近の明治21（1888）年に、今の車両のように2つの車軸で構成されている「ボギー台車」を両端に配置された「2軸ボギー客車」が登場した。上中等合造車10両、下等車40両をイギリスの車両メーカーのメトロポリタン社から輸入した。いずれも長さ14173㎜、幅2210㎜、高さ3315㎜で片側4扉となっている。

上中等車は中央にあるトイレで仕切られ、ロングシートのほか連結面にクロスシー

トを設置、掛け幅で上等、中等を分けていた。上等室の定員は15人、中等室は19人で計34人である。下等車も4扉で座席は木製、背ズリ（背もたれ）も板張りの横2&2列の転換クロスシートで、定員は82人だった。

しかし、幅が2210㎜というのは狭すぎる。広軌（標準軌のこと）を採用しているヨーロッパの列車の幅は2800㎜ほどである。広軌にすれば輸送力が増大する、という意見があった。

明治27（1894）年に日清戦争が起こり、兵員の鉄道輸送力の不足が明らかになった。ボギー台車の改良を進め、明治41（1908）年に車体幅を2464㎜に拡幅した客車、さらに43年に幅2591㎜の客車が登場した。

製造技術の発展で大正8（1919）年には車体幅2794㎜の客車が試作され、翌9年には国鉄はメートル法を採用して、ついにヨーロッパ並みの2800㎜幅の客車を「大形客車」として登場させるようになった。

これで広軌化をする必要はなくなったが、大正3（1914）年の広軌鉄道改築取調委員会では、広軌であれば最大3581㎜幅の車両ができるとした。ようは、狭軌で幅2800㎜ができるのなら広軌では3581㎜まで拡大できるとしたのである。

新幹線の車体幅はしっかり安定の3380㎜

広軌での3581㎜という車体幅は、アメリカの大陸横断鉄道の客車の幅が3010㎜だったから、これより50㎝以上広くしている。しかし、幅3581㎜の客車を走らせるためには、軌道中心間隔を拡げる必要があり、路盤やトンネル、橋梁を造り直さなくてはならないということでお蔵入りしてしまった。

東京―下関を結ぶ戦前の弾丸列車計画では、最高速度200キロを目標にしていたので、走行安定性の観点から3581㎜にはせず3380㎜とやや狭くした。それでも狭軌線客車より500㎜幅が広い。そしてこの幅がそのまま新幹線の規格に踏襲されている。

軌間に対して車体幅は2・36倍になっている。現行在来線の特急用など広幅車（2950㎜）は2・77倍だから、それよりも安定している。大正時代に提唱された車体幅3581㎜でも2・5倍である。

JR東日本の701系・719系電車には狭軌線用と標準軌用の2種がある。標準軌用は秋田・山形新幹線区間の普通列車で使われている。標準軌用の719系の車体幅は軌間に対して2・02倍になっている。701系だと1・96倍である。

701系や719系の狭軌車両と標準軌車両とを乗り比べてみると、明らかに標準軌車両のほうが乗り心地がいい。狭軌線の車体幅は、大正時代以前の2500㎜だと2・35倍と現行新幹線とほぼ同じになり、この幅だと安定する。在来線で200キロ運転をするならば2500㎜に狭くするのがいいといえる。

もうひとつ、3380㎜にした理由は、普通車で横2&3列にできて輸送力が大きくなることである。食堂車の食事席と一般通路とを分離する、国鉄の長年の夢も実現した。個室やハイグレードグリーン車も一般通路と分離ができる。

食堂車や個室はなくなったが、今後、豪華新幹線電車を造るとすれば、再び食事席と通路を分離した食堂車が連結されるだろう。

また、東北・北陸新幹線で連結されているグランクラスは、一般客が通り抜けできないように列車の最端部に連結されているが、これも一般通路を分離すれば中間車両に連結することができる。

異なる軌間で直通運転をするには？

軌間が異なると当然、直通運転はできない。それを可能にする方法として、まず3線軌条方式（3線軌）がある。通常の2本のレールにもう1本レールを並べて、異なる軌間の列車を走らせる方法である。

青函トンネルをはさんだJR海峡線と北海道新幹線との共有区間や、秋田新幹線（奥羽本線）の神宮寺―峰吉川（駅手前）間、首都圏の箱根登山鉄道入生田―箱根湯本間が3線軌になっている。

しかし、狭軌車両と標準軌車両とで車体中心がずれるため、ホームと車体側面が合わなくなってしまう。箱根登山鉄道の小田原―箱根湯本間が3線軌だった頃、途中にある箱根板橋駅の下り線では、島式ホーム側を小田急乗入車の狭軌線電車、その反対側の片面ホーム側を自社の標準軌電車に合わせていた。島式ホームと標準軌電車との間は20センチも開いており、子どもがよく落ちてしまったために片面ホームを追加したのである。

車体中心を合わせるには4線軌にすることが必要である。4線軌は近鉄の橿原《かしはら》神宮前駅とJR鉄道総合技術研究所の試験線にある。

一方、車両の左右の車輪幅を可変にする方法もある。軌間可変車両（GCT）、いわゆる「フリーゲージトレイン（FGT）」である。国土交通省は新幹線と在来線とを行き来させるために、1次から3次までの試作車で試験や長距離走り込みテストを行ったが、3次車の車軸に磨耗が見つかり実用化をあきらめた。JR九州やJR西日本は、車軸が重いと線路が傷み、保守に費用がかかると難色を示し、3次車は軽量な可変車軸にした。それがたたったのである。

しかし、スペインでは標準軌の高速新線と軌間1668㎜の広軌の在来線との間を行き来するフリーゲージトレインが、10年ほど前から実用化されている。当初は車体にモーターを吊るし、可変継手で車軸と連結する電車だったが、重い機関車方式に切り替えて実用化している。やはり線路保守に費用がかかるが、直通するメリットのほうをとったのである。日本では中止になったと思いきや、近鉄が開発に名乗りをあげた。先述の橿原神宮前駅に軌間変換装置を設置して、標準軌の橿原線と狭軌の吉野線を行き来する京都―吉野間の直通特急を走らせることを計画している。

鉄道総合技術研究所には3線軌（奥）と4線軌（手前）が置かれている。3線軌は軌道中心がずれる

海峡線と北海道新幹線共用区間の3線軌

神宮寺付近に標準軌線から狭軌線への渡り線があり、秋田寄りは3線軌になる

標準軌上に停車しているスペインの機関車方式の軌間可変列車S130系

軌間可変の、スペインのタルゴ客車

昨今のヨーロッパ軌道事情

先述のスペインの在来線は1668㎜軌間の広軌である。広軌にした理由は、隣のフランスが標準軌だったので、戦争が勃発し、フランス軍が侵攻してきても広軌の線路をフランスの車両が走れないよう、フランスの侵略にそなえての広軌だった。フランスとの戦争が考えられなくなった現在では直通をしたいところだが、広軌では直通ができない。

そこでスペインの高速新線（日本でいう新幹線のこと）は標準軌1435㎜を採用して、フランスの高速列車がスペインに乗り入れている。

しかし、在来線と高速新線との直通はできない。そこでフリーゲージトレインの登場になるが、開発前は3線軌で乗り入れていた。

また、ポルトガルに近いサンティアゴ・デ・コンポステーラ―オウレンス間は広軌の高速新線になっている。距離が短いために、時速25キロに制限される軌間変換装置を通っていては時間ロスのほうが大きいからである。

広軌は走行安定性にメリットがあるが、大きなデメリットがある。レールと接触する車輪の踏面《とうめん》は斜めになっており、カーブでは片方の車輪の外側がレールに当たり、片方は内側がレールに当たることで回転半径に差をつけてスムーズに曲がることができる仕組みになっている。軌間が広くなれば回転半径の差は小さくなって、曲がる速度が落ちてしまう。

広軌を採用しているスペインでは、車軸をなくして左右の車輪を独立させて回転する「タルゴ客車」が実用化されている。これによって左右の車輪の回転差を自由にすることができ、急カーブでも高速で通過できる。

標準軌の高速新線用車両にもタルゴ客車が使われ、通常よりも高い速度でカーブを曲がっている。

タルゴ客車は車軸がないから、軌間変換も比較的簡単にできる。このため古くからマドリードとフランス・パリの間で直通列車（現在は廃止）が走っていた。ただし機関車は車軸が必要なため軌間変換ができず、直通していなかった。

その後、軌間変換できる機関車が開発され、同様に軌間変換できるタルゴ客車を開発し、これを連結して高速新線と在来線を行き来できる列車を走らせるようになった。

軌間変換中のS130系高速タルゴ客車

高速新線駅のマドリード・アトーチャ駅に停車中のグラナダ行旧式軌間変換タルゴ列車の電源車

第7章

かつて列車のトイレはボットン式だった

【車内 編】

クロスシートとロングシートはどっちがいい？

「クロスシート」とは、側面の窓に対して直角に配置されている座席のことである。車窓を眺めるのに最適で、加速するときやブレーキがかかったときも安定する。

一方、「ロングシート」は側面の窓に並行して座席がある。窓を背にして座るために外の景色は見にくい。座席の中央に座っていると、加減速時にかかる重力（G）のために体が左右に持っていかれる。これを支えるには隣席の人の体だけが頼りである。

もっとも、明治期の1等車のように個別に肘掛けがあれば別だし、最近の車両は座席の中央などにもつかみ棒があって、隣の人に迷惑をかける度合いは減っている。

こう書くとクロスシートのほうがいいように思えるが、クロスシートは通勤ラッシュでは収容力がなく不向きだし、4人掛けのボックスシートでは他人の視線が気になってしまう。空《す》いているロングシートでは対面の窓から景色が眺められるし、隣に座っている人がいなければ窮屈な思いもせずにすむ。足を前に投げ出すこともできる。

クロスシートだと横に座られる率が高く、座席にもよるが、窮屈で足を伸ばすことも

IGRいわて銀河鉄道のシート配置でクロスシートに座ると、ロングシートに座った客の視線が気になってしまう

できない。また、登山のために列車に乗る人は、クロスシートよりも、ロングシートを好む傾向がある。クロスシートだと大きなリュックの置き場に困るからである。

空いているときはロングシートのほうがいいが、混んでいるときは、立っている人が覆い被さってこないクロスシートのほうがいいといえよう。

同じ車両内にロングシートとクロスシートの両方を配置したのが「セミクロスシート」である。大半は扉の両脇にロングシート、中央にクロスシートを配置しているが、左右方向の片側半分をクロスシート、反対側の列をロングシートにしているセミクロスシート車両もある。

いろいろあるクロスシート、最も快適なのは？

クロスシートにもいろいろな方式がある。もっともポピュラーなのがボックス式である。2人掛け座席を向かい合わせて4人掛けにしたものが多い。しかし、赤の他人が4人座ると気まずい思いをするし、3人グループのところに1人だけ他人が座るのもあまりいい気分がしない。だから4人掛けボックス式は、片側それぞれ1人ずつ座ったり、片方の窓側の座席が開いていたりすることが多い。混雑しているときでも窓側が空席のままになっていることをよく見かける。それは、通路側に座っている2人の足を跨いだりしてまで座ろうという気になれない人が多いからだ。

転換クロスシートは背ズリを動かすことで、2人掛けにも対面4人掛けにもできる。2人掛けのとき空席が窓側にあっても、座りに行く人は多い。通路側に座っている1人だけに声を掛ければいいからである。座席ごと向きを変える回転式クロスシートも同様だが、4人掛けにするとき、その前後の座席に座っている人に断りが必要である。とくにリクライニングシートだと、声を掛けなければ回転ができない。

4人掛けボックスシート

新幹線N700系の回転リクライニングシート

富士山を境に分かれる、東側のボックス式、西側の転換式

名鉄や関西の大手私鉄各社、九州の西鉄には転換クロスシートの車両がある。ＪＲ東海やＪＲ西日本、ＪＲ九州も転換クロスシート車が多い。伊豆箱根鉄道や富士急行にも転換クロスシート車がある。

しかし、関東の大手私鉄となると、西武の４０００系や東武の６０５０系はボックス式で、ＪＲ東日本も同じである。京急の快特用２１００形は転換式だが、折り返し時に車掌が自動転換させるものの乗客が個別に転換することはできない。

ＪＲ北海道の札幌近郊区間には転換式クロス車両があるが、快速「エアポート」はロングシート車が多くなっている。函館駅と新函館北斗駅を結ぶ快速「函館ライナー」もロングシート車である。ＪＲ九州も転換式が多かったが、新しい車両はロングシート車になっている。

多くの転換式車両の扉寄りの座席は固定式になっており、この場合、進行方向の前側は必然的に４人掛けになる。だが山陽電鉄の転換式の一部には固定式になっていな

山陽電鉄では扉寄り端部も転換クロスシートになっている

い車両がある。座席の前は仕切りがあるだけなので開放感がある。

京阪特急の先頭車両・乗務員室後ろの転換クロスシートは前面眺望が楽しめ、鉄道ファンにとって最高の座席である。しかし、一般の人は先頭座席を避ける傾向にある。その理由は降りにくく、前が見えると逆に眼が疲れるからのようである。

ところで新型コロナウイルスの感染リスクが高いのは、立っている人から飛沫が落ちてくるロングシート、次が向かいの人から飛んでくるボックス式であろう。通勤用の狭いボックス式はさらに高いと考えられる。感染リスクが低いのは回転式、次に転換式のクロスシートであろう。

鉄道なのに、ゴムタイヤ式？　特殊な札幌の地下鉄

札幌の地下鉄は、鉄のレール上を鉄車輪で走行する通常の鉄道ではなく、コンクリート軌道の上をゴムタイヤで走行する「案内軌条式」になっている。

最初に開通した南北線は高架区間もあるが、すべてシェルターで覆われており、冬季の積雪時でも走行できるようになっている。屋根上のパンタグラフで電気を取るのではなく、東京メトロ銀座線など他の地下鉄でも見られるが、第3軌条式による集電である。電車が近づいてくるとムチで叩くような特徴的な音がするので、案内放送がなくても電車が来るのがすぐにわかる。

その後につくられた東西線と東豊《とうほう》線は架線集電方式に変わったのでパンタグラフ式になっている。これら2つの路線は、南北線よりもムチで叩くような音は小さい。

そして最大の特徴は各線とも冷房がないことである。札幌も夏は暑いけれども、そもそも冷房が必要なほど暑い日は2週間ほどしかない。地下線ではさほど温度は上がらない。駅構内では冷房をしているから、それですむということで搭載していないの

冷房がない札幌市営地下鉄

である。それに寒さ対策として、駅の出入口は二重ドアになっていることが多く、そのため夏季の駅冷房もよく効いている。

札幌市電も最新の低床車を除いて冷房がない。函館市電も同様で、最新の低床車だけに冷房が付いている。ただし、今後温暖化により冷房が必要になる日にちが延びれば冷房が搭載されることになろう。

札幌地下鉄ならではの、特徴的なことがもう一つある。それは大雪のときに非常に混雑することである。地下鉄は雪に関係なく走ることができるから、この時ばかりはマイカーやバス利用から切り替える人が多くなる。

北国ならではの車両！　二重ガラス窓やエアカーテン

特急列車の側窓は二重ガラスにして冷暖房と防音の効率アップを図っている。北海道の古い特急車両は、さらにもう一枚ガラスを内側に取り付けて、暖房効果を上げている。

ところが、そのガラスに水滴が付着して景色が見にくい窓が多い。固定窓だから掃除がしにくく、水滴を取り除けないのである。もちろん、夏になるとそれら水滴はなくなってしまう。

北海道では普通列車なども、古い車両は二重窓になっている。これも水滴は付くが、窓が開くので、気になる人は内窓を開けて拭いている。

最新の普通・快速用車両には、停車してドアを開けるとき、扉の上部から風を吹き出す機能がついている。ようするに、寒風が車内に入ってくるのを防ぐエアカーテンである。しかし、さほど効果がなく、車内に寒風が進入してくる。もっと強くできるが、逆に髪が乱れたりする苦情があったので、弱めにしているのだそうである。

キハ183系特急車の窓は春先になると水滴でまるで雨が降っているようになってしまう

札幌近郊用の731系電車はデッキがなく、扉の上にエアカーテンが設置されている

トイレ① かつての列車のトイレはボットン式だった

昔の家のトイレは肥溜めに落とすポッチャン式だったが、列車のトイレはボットン式といわれていた。家のトイレは跳ね返りがあるためにポッチャンだが、列車のトイレは線路脇に落とすだけなのでボットンということなのである。

線路脇に落とすので汚物が丸見えになるように思われがちだが、トイレ内には「停車中は使用しないでください」の注意書きが書かれていた。停車中にするとまさしく汚物はそのまま残るが、走行中なら汚物はバラバラになってわからなくなる。ただし速度が遅いとそうはいかなかった。列車が去った後、ホームから汚物が見えるのはよろしくないということで「停車中は使用しないでください」としたのである。

昔は沿線で鉄道写真を撮るとき、汚物を被る恐れがあるため、線路からかなり離れて撮るように注意したものである。

ボットン式トイレの唯一いいところは、間違って財布や指輪などを便器に落としても、次の駅で降りて歩いていけば探すことができた。

昔は線路のすぐ近くで撮ることははばかれていた

現在の列車のトイレは洋式が主流だが、かつてはすべて和式だった。和式だと用をたすとき、どうしても下を見てしまう。下をよくみると線路のバラストが丸見えである。だから停車中にする気にはなれない。

また用をたすとき安定しない。そこで目の前の壁に握り棒が置かれており、それを握ることになるが、不潔感一杯なのでトイレットペーパーを握り棒に巻いたものである。しかし普通列車にはトイレットペーパーは置いてなく駅売店で買うしかなかった。

今でも和式トイレの車両が普通列車にある。もちろん水洗式になっているが、コロナ禍の時代、あまり握り棒を掴む気にはなれない。

トイレ② 寝台列車は大が多く、昼行特急は小が多く、普通列車は小ばかり

昭和30年代から、一般家庭もポッチャントイレから水洗式になり、列車のトイレだけが垂れ流しでは衛生上よくないと問題になった。これをして「列車トイレの黄害」といわれるようになった。

衛生面を改善するため、粉砕式トイレができた。汚物を粉砕して殺菌、脱臭を行って車外に排出するものだが、空き缶やオムツなどが便器に入れられて故障することが多かった。また、走っている列車から水しぶきが出ているのを見ると、いくら処理しているとはいえ、あまりいい気持ちではない。

そこで循環式トイレが開発された。汚物を水分と固形物に分け、固形物はタンク内に、水分は処理したのち再びトイレの水洗用に使用するものである。以前はタンク式もあったが、これだとすぐ一杯になり、一杯になると汚物を車外に排出していた。

循環式だとタンクに溜まる量は少なく、汚物処理のサイクルは4、5日もあって作業は楽になった。

東武鉄道特急「リバティ」の真空式トイレ

じつは、列車によって汚物の量や種類が異なる。寝台列車では「大」の使用が多く、昼行の特急列車では寝台列車よりも大が減り「小」が多くなる。普通列車ではほとんど小ばかりである。

現在主流となりつつある真空式は、処理水を少なくするために、気圧を下げて汚物を吸い込む方式で、新幹線や特急を中心に採用されている。これによって汚物タンクはより小さくなり、処理水タンクも同様に小さいものですむようになった。循環式のように再処理水を流さずにすみ、不快になることもない。

しかし、指輪など小さなものを落とすと取り戻しはほぼできない。

かつて車内暖房はスチーム方式だった

蒸気機関車が隆盛だった頃、蒸気機関車に牽引される客車列車の暖房はスチーム方式だった。ようは蒸気機関車で発生させる蒸気の一部を、管を通して客車に流すのである。床の窓側にスチーム管があって、そこに蒸気が流れて室内を暖めていた。

さらに車内の洗面所では、冷水と温水の2種が出てくる。しかもお湯は蒸気機関車から供給されるので、まさに湯水のように使え、洗面所については高級ホテル並みだった。

ただ欠点は、蒸気機関車に近い先頭側の車両は暖かいを通り越して、暑い。やけど防止のためにスチーム管を覆っている金属の板にずっと触れていると、やけどしそうになる。逆に後部に行けば行くほどお湯は冷えて寒いし、全体に暖房の調節はしにくいものだった。

D51など貨物牽引機には蒸気供給装置はなかった。また電気機関車は蒸気を供給することができないから、「暖房車」を連結して客車にスチームを供給するようになった。暖房車は水タンクを搭載し、石炭を焚いてボイラーを暖める。

冬季は暖房車1両が増えるために列車編成が長くなる。そこで長くなりすぎないように客車1両を外す措置を取った列車もあった。

そうしなくてすむように、車内に重油ボイラーを備えた電気機関車が昭和12（1937）年から登場した。

ブルートレイン（客車寝台特急）は最初から電気暖房だったが、一般客車は昭和30（1955）年頃まで蒸気暖房だった。この年から電気暖房に変わっていった。

新しい客車は、高圧の1500Vの電気を電気機関車から引通線でもらい受ける。客車に搭載されているトランスで100Vに降圧して、座席の下に置いた電気暖房器を暖める。電気だから最後部車両まで均等に暖かいのも当然である。

昭和30年当時はまだ電化区間は少なく、蒸気機関車牽引の客車列車が多数なので蒸気暖房設備はそのままにして、新たに電気暖房装置関連の機器を追加した。

当時、電気暖房装置のことは「電暖」と略称されていて、乗客からは「電暖が来た」と喜ばれたものだったが、蒸気暖房を「蒸暖」と呼ぶことはなかった。

寝台列車のベッドは、縦方向のほうが寝心地いい

現在、定期運行の寝台列車は特急「サンライズ出雲《いずも》」（東京―出雲市間）と「サンライズ瀬戸」（東京―高松間）のみである。個室寝台のベッドは側窓に対して縦方向になっている。このベッドの配置は、レールに並行していることから「レール方向」という。側窓と直角の横方向、つまり「枕木方向」になっているのは、座席指定券で乗れる「ノビノビ座席」だけ。「座席」と称しているが、一応足を伸ばして横になれるから格安寝台ではある。ベッドが枕木方向に配置されていると、列車の左右の揺れはあまり気にならないが、加速時やブレーキをかけるときはGを感じてしまい、神経質な人には寝心地が悪い。レール方向に寝るときは、左右の揺れは感じるが、前後のGは感じない。前後動もスムースな加速・減速をするので、これもGを感じない。

今の「サンライズ」はレール方向でも枕木方向でも、それほど気にはならないが、昔の寝台客車列車はそうではなかった。前後のGは、感じるどころか、発車時にはガシャンと大きな音とともに後方に体を持っていかれる。ブレーキをかけると前へつん

のめってしまう。これは連結器に隙間があったからである。
1、2等寝台（のちのA寝台）はレール方向に配置していた。また、機関士はそーっと加速、あるいはブレーキをかけて、ショックをできるだけ少なくするのが一流とされていた。
その後、客車の連結器は「密着自動連結器」になり、ガシャンという音やショックはなくなった。それでも加減速時のGを和らげるようにそーっと運転していた。貨物列車は今でも密着連結器ではないので、発車時に大きな音を立てている。

枕木方向のベッドは3等寝台に採用されていた。枕木方向に配置すれば多くのベッド数を確保できるからである。ブルートレインの1等個室は当初はレール方向だったが、その後の車両では枕木方向が多くなった。個室を広くできるからである。上野―札幌間の「北斗星」などにあったA寝台個室「ロイヤル」も枕木方向である。また、3等寝台、のちのB寝台は枕木方向にするのがセオリーだったが、特急寝台電車の581系（通称月光形）はレール方向になって、今までの決まりを打破した。これは昼行特急と夜行特急の両方に使える車両にするためにやむをえない処置だった。そのため581系電車のB寝台は、寝台料金が他の客車B寝台より高めに設定されていた。

一番揺れが少ないのは車両の真ん中

鉄道車両で一番揺れが少なく乗り心地がいいのは、車両の真ん中である。上野―札幌間を走っていた寝台特急「北斗星」のA寝台個室「ロイヤル」は車両の真ん中に2室設置され、両端には1人用B寝台個室の「ソロ」か2人用B寝台個室の「デュエット」が配置されていた。

大阪―札幌間の「トワイライトエクスプレス」には、「ロイヤル」よりもグレードが上の「スイート」が2室あった。当初、展望席を兼ねる最後部の1号車に1室だけ設置されていた。人気が高いのでもう1室設置したが、展望室にはできない代わりに、2号車の中央に設置された。

一番乗り心地が悪いのは、連結寄り端部である。ようは台車よりもはみ出しているオーバーハングになっているところである。カーブになると遠心力が強くかかる。自動車のワンボックスカーやバスでもこのオーバーハング部分は乗り心地が悪いのと同様である。

　そのためには有料特急などではこの部分にトイレや洗面所が置かれ、できるだけ客室にしないようにしている。通勤電車ではそうもいっていられないので客室にしている。「トワイライトエクスプレス」の最後部「スイート」も部屋の半分がオーバーハング部分にかかっているが、ベッド部分は台車のほぼ上にあるので、多少は揺れが少ない。

　小田急ロマンスカーVSE（50000形）は連接車になっている。連接車とは、連結部分に台車を配置している車両のことである。先頭車両の先頭部を除いて連接車にはオーバーハング部分はない。このために乗り心地が悪い部分がないのである。

　VSE先頭車の先頭部分はオーバーハングなので揺れるが、その代わりに前面展望席として景色を楽しめるようにしている。さらに、先頭台車はフルアクティブサスペンション（すべての揺れに対して制振制御する装置）を採用して揺れを抑えている。

　今まで造られた小田急ロマンスカーの多くが連接車で、それがひとつの売りだったが、安全対策として全駅にホームドアを設置することになった。一般の電車と異なる箇所に扉があるのではホームドアに対応できない。そのため最新のGSE（70000形）は連接車とせず、通常車体になってしまった。その代わりにすべての台車をフルアクティブサスペンションにしている。

小田急ロマンスカーVSE車50000形連接車

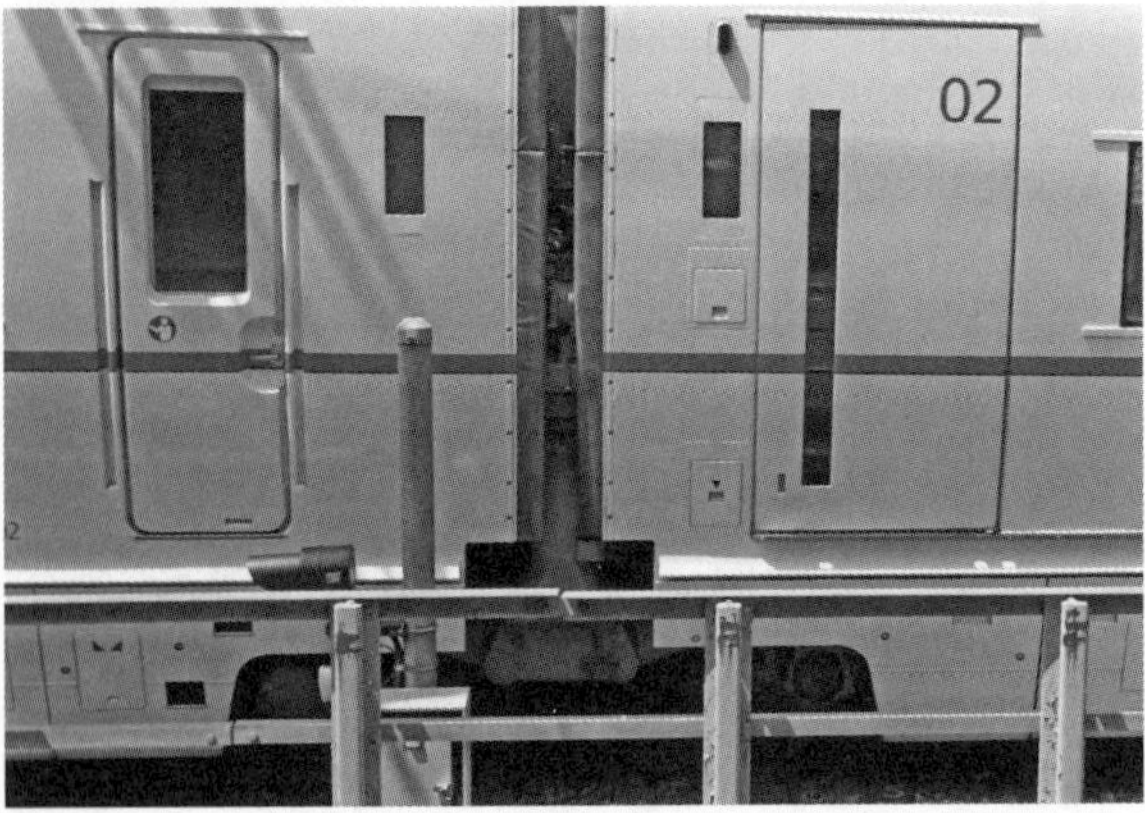

VSE車は連結面の下に台車がある「連接車」

映画みたいに「連結器が外れる」とどうなるのか

アメリカの西部劇映画などで、悪党に追われた主人公が列車の連結器を外して、後ろの車両に乗っていた悪党を置き去りにするシーンがあったりする。しかし、これは少なくとも1900年以降の西部劇時代ではありえない話なのである。

走行中に連結器を切り離すことが無理だということもあるが、よしんば切り離したとすると、両方の車両も機関車もすべて非常ブレーキがかかって停まってしまう。

列車には「貫通ブレーキ」といって、全車両にわたって圧力がかかった引通管が連結されている。連結器が外れると引通管の連結部分も外れてしまい。各車両の引通管の圧力が一気に下がる。下がってしまうと、各車両には非常ブレーキがかかるように設計されている。だから全部の車両が停まるだけで、主人公は逃げ切れないのである。これは、安全を確保するための「フェイルセーフ」（故障しても安全側に動作する）という考え方である。

ただし、『インディ・ジョーンズ』に出てくるような本物のトロッコでは貫通ブレーキなどないものが多く、それであれば逃げ切れるだろう。しかし、普通の鉄道ではありえない。

　貫通ブレーキがなかったときに、よく連結器が外れて後部車両が取り残されたりした。また、急坂を登るときに連結器が外れ、外れた車両群は急坂を転がっていった。そこで最後部に、ブレーキ装置があり車掌が乗務する緩急車を連結するようになった。

　緩急車の車掌が連結器が外れたことに気づかなかったことで事故を起こしたこともあり、それを防ぐために貫通ブレーキが考案された。しかも西部劇の時代にもすでに貫通ブレーキはあったので、映画で見られるシーンはフィクションなのである。

　列車全体に均一に空気ブレーキがかかる「貫通自動空気ブレーキ」は、アメリカのウエスティングハウス社が考案し、明治5（1872）年に特許を取得、アメリカでは1893年からこれを採用することを義務づけ、1900年にすべての列車に取り付けられた。ただし貫通ブレーキが装着されても、何かの事故があった場合に備えて緩急車を最後部に連結することはそのままにした。

　日本でも、最後尾に連結されている緩急車と先頭の機関車のみブレーキがあったが、大正14（1925）年までに貫通自動空気ブレーキを全車両に取り付けるようになった。

日本の連結器は大きく分けて4種類ある

現在の日本の連結器は基本的に4種類あり、一番古いタイプは、現在でも貨車に装着されている自動連結器である。自動連結器は車両と車両をつないだときに隙間があるために、加減速時に各車が引っ張られたり押されたりして乗り心地が悪い。

そこで、隙間をなくしてぴったりとつないだ密着連結器を電車などに装備するようになった。また客車用に、自動連結器でも密着できる密着自動連結器も考案された。

最近は大規模な車両検査（全般検査など）以外は編成をバラバラにすることがなくなったので、編成の中間には通常の連結器ではなく、太い鉄のパイプで車両間を固定する棒連結器が取り付けられるようになった。

新幹線のように高速で走り編成が長い列車では、左右の揺れが後ろの車両に伝わっていき、後ろにいけばいくほど揺れていた。これを軽減するために、棒連結器のほかに車両間ダンパ（減衰器）を付けるようになっている。

特殊な密着連結器として、阪神武庫川《むこがわ》線用の赤胴車の先頭部に装着していたバンド

自動連結器

密着自動連結器

密着連結器

ン式がある。これは昔から阪神だけが採用している連結器である。しかし、近鉄と相互直通を開始するときに、阪神なんば線と本線を走る車両は通常の密着連結器に切り替えて、バンドン式を装備しているのは武庫川線用車両だけになっていた。

山陽電鉄と相互直通を開始したときは、故障時などに備えて、通常タイプとバンドン式とを連結できるアダプタを用意していた。武庫川線で走っている電車は廃車され、バンドン式連結器はなくなってしまった。なお、阪神には小形のトムリンソン式連結器もあった。

なお、バンドン式連結器は旧形車のものを流用している。阪神も固定編成化されているので、固定編成内の連結器は棒連結器にしたために新たに造る必要がなかったのである。

つくばエクスプレスの先頭車の連結器は、貨車と同じ自動連結器である。JRの機関車に連結するために自動連結器を装着して車両製造工場から甲種輸送され、途中の駅から陸送で車庫に搬入される。6両固定編成を2本連結する機会は、片方の6両編成が故障したときくらいしかない。営業運転で使うことがないから自動連結器でいいし、そのほうが安上がりである。

ヨーロッパではまだリンクネジ式連結器を使用している

ヨーロッパでは高速列車や電車は、日本とは異なる形状の密着連結器になっているが、機関車列車のほとんどは非常に旧式なリンクネジ式連結器が使用されている。台枠（車体の床の梁《はり》）にバネを挟んでつながる釣針状のフックをドローバー（引張棒）といい、これにリンクをピンで固定している。

連結するときは相手のドローバーにリンクを引っ掛け、リンクのネジを回して両車両間を近づける。ドローバーは中央に置かれているが、左右にバッファ（緩衝器）があり、お互いのバッファがほぼ当たるところまで両車を近づける。このことから「バッファ式連結器」ともいう。

日本も当初はリンクネジ式連結器でスタートしたが、連結器の強度不足や連結作業時にドローバーとバッファの間に要員を待ち構えさせてフックを掛けるので、非常に危険で死傷者が続出した。

そこでまず北海道で走る各車両を、連結要員不要の自動連結器に取り換えた。そしてすべての国鉄車両を大正14（1925）年7月17日（九州は7月20日）に、一斉に自動連結器に取り換えた。アメリカも自動連結器に取り換えたが、10年もかかった。それを国土が狭いとはいえ日本はわずか1日で終えてしまった。

日本でリンクネジ式を見ることができるのは名古屋の明治村を走る蒸気鉄道である。ここでは機関車のリンクを取り外して連結作業を簡略化することで、連結作業員を機関車と客車の双方のバッファと連結器の間に立たなくてすむようにして、安全性を高めている。

標準軌を採用しているヨーロッパ各国では、固定編成の高速列車と電車に対しては自動連結器か密着連結器にしているが、機関車、客車、貨車については各国入り乱れて直通することが多いのと、各国の鉄道事情もあってなかなか一斉に自動連結器に取り換えることができない。簡単な構造でほぼ共通に使える、リンクネジ式連結器を200年も装着しているのである。

なお、イタリアの高速列車の連結面を見ると、バッファが備え付けられている。日本の新幹線の車両間ダンパと同じ役目を果たしているように思うが、定かではない。

フランス国鉄のリンクネジ式連結器

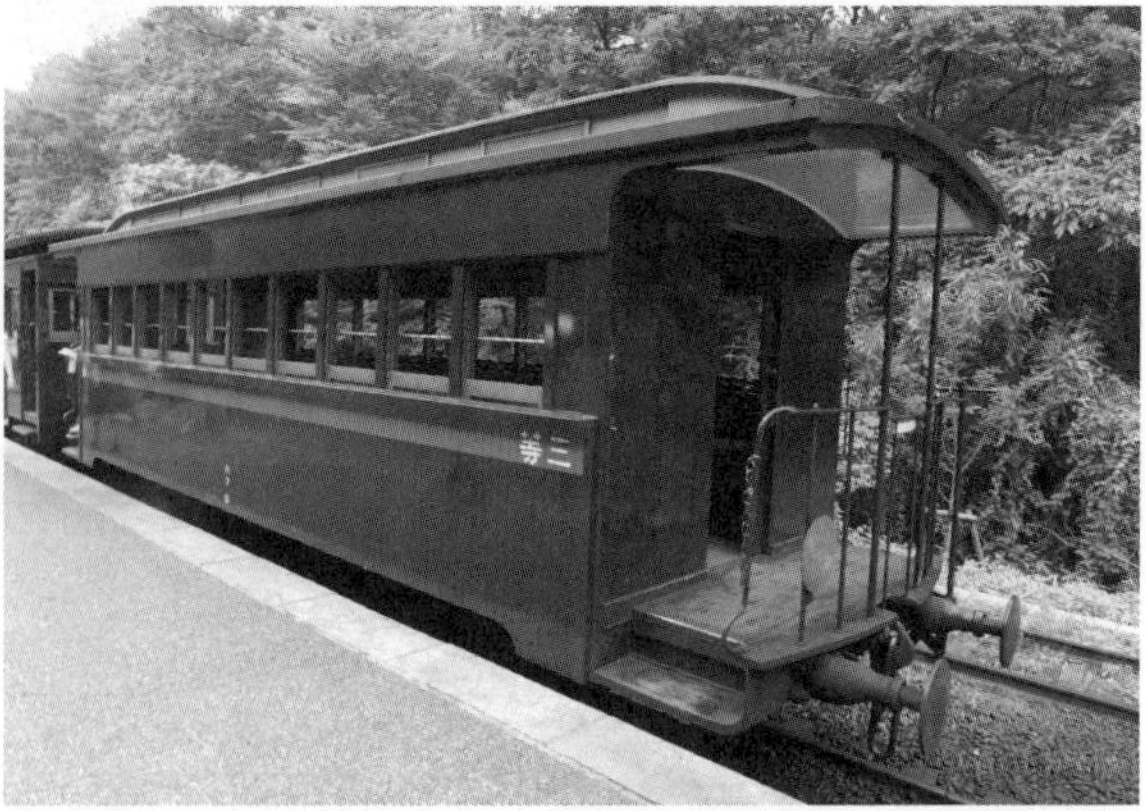

名古屋の明治村の蒸気列車はリンクネジ式

ドイツIC(インターシティ)客車もリンク式

ドイツの高速列車ICE3系の先頭連結器は密着式

蒸気機関車の最大の悩みは「煙」だった

JR山口線で走っている「SLやまぐち号」の客車編成の両端には展望デッキがある。かつての国鉄特急「つばめ」などにも展望デッキがあった。「つばめ」の展望デッキの柵は客車の窓程度の高さしかなく眺望はよかったが、「SLやまぐち号」の柵は安全を考えて転落防止のために高くなっていて、背の低い人は眺めが悪い。

かつての客車は両端にデッキ（出入台）と乗降扉があり、そこから客室扉を開けて室内に入る。乗降扉は手動で、走行中も開くことができたが、客室扉があるから連結面の貫通路に扉はないものが多かった。とくに普通列車はそうだった。最後部や最前部は吹きっさらしになっていて、そこからの眺めは展望車と同じである。

最後部で眺望を楽しむのもいいが、最前部で機関車のジョイント音を聞くのも楽しいものだった。

しかし、いずれのデッキに立っても、あるいは新聞紙を広げて座っても、電気機関車はいいとしても、蒸気機関車の場合は煙をまともに浴びることになる。とくにトンネルに入ると悲惨そのものだったので、多くの人はすぐに客室に戻っていく。ずっと眺め続けているのは筋金入りの鉄道ファンだけだが、当時は、鉄道ファン自体がそれほど多くなく、ほぼ独占できた。

機関車はトンネルに入る前にボッと短笛を鳴らす。これはトンネル内にいる保線係員などに知らせるためのものだが、客室内で窓を開けている人に「これからトンネルに入るぞ」と教える合図でもある。乗客も心得ていて、一斉に窓を閉める。デッキにいる人も客室に逃げ込む。

しかし、窓を閉めたとしても煙は侵入してくる。一度にそう多くは入ってこないが、長距離列車では回を重ねるので、鼻の穴が真っ黒になってしまう。

このためにあちこちの駅にはホームに洗面設備があった。これは夜行列車のためだけでなく、昼行でも列車から降りたときに顔を洗い、鼻の穴をタオルで覆った指で突っ込んで拭くためである。そのタオルには真っ黒なススが付着していた。

蒸気機関車列車の一番嫌なところが、煙なのである。当時は早く蒸気機関車を廃止してほしい、と電化を願う旅行者が大半だったのである。

左：貫通扉がないスロフ53形緩急客車。昭和43年10月1日ダイヤ改正時に撮影した記念列車でトレインマークが付いている

下：先頭機関車EF58形を、連結されている客車のデッキから見る

貫通路に扉がない旧型客車が普通列車に多かった

高架化前のJR大分駅の2・3番ホームにあった洗面台

第8章

「拝み勾配」「たすき掛け線増」ってなーに？

【線路 編】

トンネルの不思議なカタチ「拝み勾配」ってなーに？

多くのトンネルは水平にはなっておらず、勾配が付けられている。トンネルはどうしても地下水による漏水があるので、水平にすると水はけが悪い。水はけをよくするには勾配を付ける。比較的短いトンネルでは「片勾配」といって、一方的に勾配があるようにしているが、山を一つ越えるような長いトンネルでは中央部分を高くし、トンネル入口（坑口）を低くして両方の坑口へ地下水が流れるようにしている。

手を合わせて拝む形に似ていることから、これを「拝み勾配」という。ときには大半が上り勾配で、反対側の坑口の近くだけを短い下り勾配にしているトンネルもある。

青函トンネルや関門トンネルは、その反対の逆拝み勾配になっている。海底を通るのでやむを得ないが、逆拝み勾配は地下水をくみ上げる必要がある。まして青函トンネルと関門トンネルは、無限といえる海水が浸み出しているので排水が大変である。

地下鉄なども逆拝み勾配が多い。この場合は駅部を高く、駅間を低く設計している。こうすることによって、加速時と減速時に重力を利用できて経済的なのである。

拝み勾配

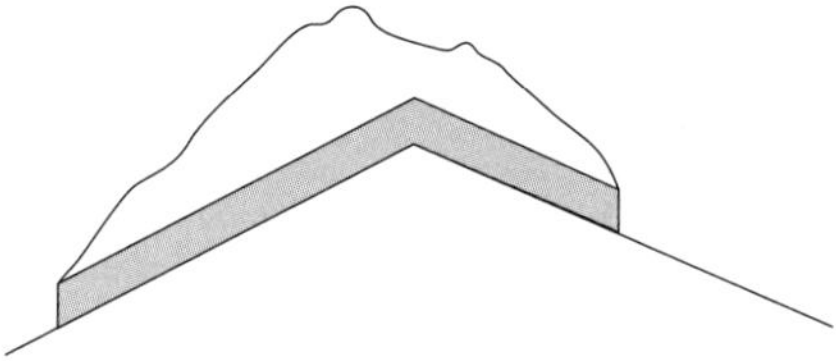

田沢湖線(秋田新幹線)仙岩トンネル

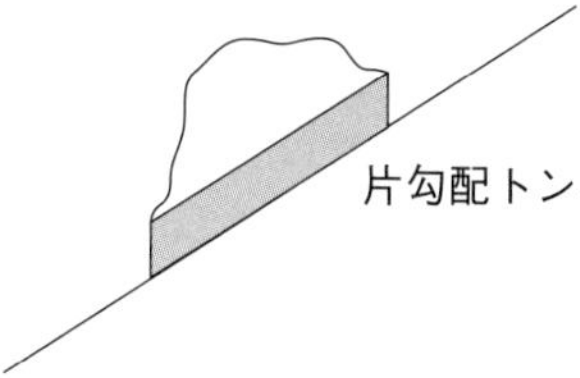

片勾配トンネル

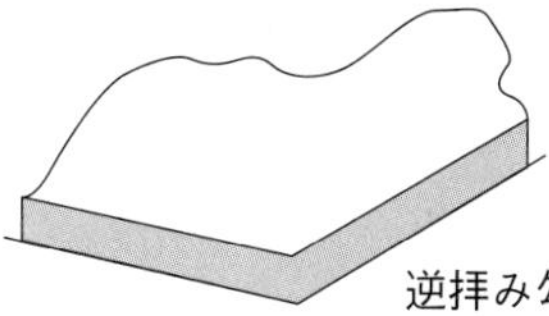

逆拝み勾配トンネル

人家が全くないところにスイッチバック駅がある理由

四国の土讃《どさん》線にあるスイッチバック駅の坪尻《つぼじり》駅は、あたりに人家は全くない。同駅は吉野川の支流の鮎苦谷川《あいくるしだにがわ》の右岸にあり、左岸を通る一段高い国道に同駅を見下ろす展望台がある。一方、右岸側の谷の上まで道があるが、それらを登っても人家はない。

乗客はほとんどおらず、駅として成り立っていない。スイッチバックするために駅があるというが、特急列車だけでなく普通列車の多くも坪尻駅を通過する。停車するのはわずかである。

同駅のスイッチバック構造は単純に山を登るためだけにあるわけではない。駅の前後は高松駅に向かって25‰（パーミル）の連続勾配上にあり、駅部だけ3‰の緩い勾配になっている。

パーミルは、水平方向に1000m進んだとき、何m高くなる、あるいは低くなるという「千分率」のことである。

25‰の上り勾配は気動車は平気で登っていく。蒸気機関車列車も坪尻駅に停車しなければ無理なく走り抜けている。

ではなんのためにあるかというと、列車の行き違いのためである。坪尻駅を挟む讃岐《さぬき》財田《さいだ》―箸蔵《はしくら》間は11・5キロもある。単線でこれだけの距離があると、途中でどうしても上下列車の行き違いをさせないとダイヤが組めないことがある。とくに足が遅い蒸機列車だと必要になる。

25‰の上り勾配上で行き違いのために停車すると蒸機列車は発進できない。そこで上り勾配になる高松行が停車線に入って、高知方面に向かう対向列車が通過後、バックして水平になっている折返線に入り、再びバックして水平区間で勢いをつけてから25‰の上り勾配に入っていく。

そのためのスイッチバック駅であり、本来は信号場でいいのだが、ハイカーなどに少しでも利用されればいいということで駅にしている。

対向列車が停車せずに走り抜けることから「通過形スイッチバック構造」といい、同じ土讃線の新改《しんがい》駅や篠ノ井線姨捨《おばすて》駅、桑ノ原信号場などがある。

登山電車だから可能な、停車形スイッチバック駅

箱根登山鉄道の大平台《おおひらだい》駅と、その前後の出山《でやま》・上大平台の両信号場は、1回折り返しの停車形スイッチバックになっている。駅構内だけが水平になっていて助走距離が短く、駅を出るといきなり80‰の急勾配になっている。加速がいい登山電車だからできるスイッチバック構造である。

蒸気機関車のためのスイッチバック駅は、停車線と折返線があって2回スイッチバックをする。停車線と折返線はともに助走距離が長く、通過線がないので全列車がスイッチバックをする。このため「停車形スイッチバック駅」という。

停車線と折返線との間は水平になっているところが多いが、停車線と折返線との間の距離が長く、その間も勾配になっているスイッチバック駅もある。

前者で現存しているのは肥薩《ひさつ》線の大畑《おこば》駅と真幸《まさき》駅、後者は木次《きすき》線の出雲坂根駅と豊《ほう》肥《ひ》本線の立野《たての》駅である。

大畑駅はスイッチバックした後、ループトンネルになって山を一周して、さらに矢《や》

1段式スイッチバックの箱根登山鉄道出山信号場

岳《たけ》駅へ登っていく。出雲坂根駅も半ループ線で山を登り、三井野原《みいのはら》駅に達する。

黒部峡谷鉄道の鐘釣《かねつり》駅は地形上の制約でスイッチバックしている。駅の宇奈月《うなづき》寄りは44・0‰、欅平《けやきだいら》寄りは49・5‰の上り勾配になっている。駅部分の勾配は10‰だが、それほど長くはなく、13両編成といった長い編成は、10‰区間をはみ出してしまう。そこで上下列車は、それぞれ折返線に突っ込んで停車する。その後、バックして折返線から出て、再び前進して発車する。このとき後方の車両は単線になっている本線にはみ出して止まるので、上下列車が順番に、この方式でスイッチバックをする。

立山砂防軌道はスイッチバックの宝庫

黒部峡谷鉄道は「トロッコ電車」と称して宣伝している。しかし、これは二重に変である。トロッコとは旅客にしろ貨物にしろ、国土交通省から認可を得ていない運賃を取らない鉄道のことである。また、電車というのは旅客車自体が自力で走行できるもので、黒部峡谷鉄道は機関車に引っ張られるから列車である。正確に言えば「トロッコ風機関車列車」としなければならない。それはともかく、近くには本物のトロッコ路線がある。それが立山砂防《たてやまさぼう》工事専用軌道、略して立山砂防軌道である。

富山地方鉄道立山駅に隣接して、国土交通省北陸地方整備局立山砂防事務所の千寿《せんじゅ》ケ原《がはら》連絡所があり、ここを起点にして水谷《みずたに》連絡所までの18キロに及ぶ軌間610㎜の軌道である。暴れ川とされる常願寺川の治水のために、立山砂防堰堤の保守を行うのが役目である。

途中に4段スイッチバック（以下SB）の千寿SB、2段の桑谷SB、4段の妙寿SB、2段の鬼ケ城SB、4段の七郎SB、2段のグスSBとサブ谷SB、とスイッ

立山砂防軌道の18段スイッチバック。高低差が約200mもあり、全体を見通すことはできない

チバックだらけである。

なお、4段とはスイッチバックする回数であり、線路の段数でいえば5段になる。JR出雲坂根駅を指して3段スイッチバックとしている向きもあるが、あくまで折り返す段数なので、2段スイッチバックである。そして機関車列車の進行方向を変えないように必ず偶数になっている。

立山砂防軌道は何度もSB区間を通って、次の樺平SBはなんと18段スイッチバックになっている。18段もあると、全体を見渡すことはできない。見えるとすれば対岸の山からだが、そこへは簡単に行けない。また9段目と10段目の間に行き違い線、14段のところに待避線がある。

山間部だけじゃない！　平地にあるスイッチバック駅

スイッチバックするのは、必ずしも山間を走る路線だけではない。いろいろな事情でスイッチバック構造になっている駅は多い。

第一に、国鉄駅に並行して設置しその先をまっすぐ進むと回り込むので、かえって距離が長くなったり急カーブができたりすることからスイッチバック方式にした駅である。小田急江ノ島線藤沢駅、名鉄広見線新可児《しんかに》駅、養老鉄道大垣駅がこれにあたる。

第二に、まっすぐ進む延伸計画があったものの、それより先に違う方向への枝線などが開通し、まっすぐ進む延伸計画を放棄した駅である。ＪＲ花輪線十和田南駅、富士急行富士山駅がこれにあたる。

第三に、まっすぐ進むほうが先に開通し、あとから枝線が開通したが、まっすぐ進むほうの路線が廃止になってスイッチバック方式になってしまった駅である。石北本線遠軽《えんがる》駅、一畑《いちばた》電車一畑口駅がこれである。

第四に、まっすぐ延伸すると市街地を通ることになって用地買収が難航することから、市街地を迂回するためにスイッチバック構造にした駅である。西武池袋線飯能《はんのう》駅、磐越《ばんえつ》西線会津若松駅がこれにあたる。

第五に、異なる鉄道会社がターミナル駅として集まり、のちに合併して直通運転を開始したためにスイッチバック構造になった駅。東武野田線柏駅や富山地方鉄道上市《かみいち》駅がこれである。

特殊なスイッチバック駅として秋田新幹線大曲《おおまがり》駅がある。大曲駅はスルー線の奥羽本線に田沢湖線が奥羽本線の山形方面へ直通できるように乗り入れていたのを、田沢湖線と奥羽本線の大曲―秋田間を標準軌化して秋田新幹線にしたために、秋田新幹線電車がスイッチバック運転をする。田沢湖線は標準軌の普通電車も走る。普通電車の車庫も秋田にあるため、標準軌化した奥羽本線を回送で走る。

もうひとつの特殊なスイッチバック駅に、福井鉄道軌道線の福井城址大名町電停（元市役所前電停）がある。開業当初は本町通り電停から急カーブで福井駅前に向かっていたが、田原町への延伸時に市役所前電停でスイッチバックするようになり急カーブを解消した。なお、えちぜん鉄道と直通するＬＲＶは福井駅電停には行かないのでスイッチバックをしない。一部の電車もスイッチバックをしない。

上下が違うルート？「たすき掛け線増」とは？

単線で開通した路線を複線にする方法として、「貼付線増」と「別線線増」、そして表題の「たすき掛け線増」がある。貼付線増は、既存の線路に並行してもう一つの線路を設置するもので、多くの平坦線はこの貼付け線増で複線化されている。

別線線増は、既存の線路にきついカーブやきつい勾配があって線形が悪いために、別ルートで複線線路を新たに敷設する、あるいは老朽化した単線トンネルや単線の鉄橋があって、それとは別に新しく掘削したり架け替えたりして複線にするものである。

たすき掛け線増は山を降りる、あるいは登る区間でなされるものである。既存の単線線路は、建設予算や地形の制約で急勾配になっているところが多い。これを複線化するとき、山を登る側を別ルートで迂回させて、緩い勾配にした新線（線増線）を付け加える。ようは列車が坂を登るときは勾配が緩い線増線側を通し、坂を降りる列車は従来の線路を通すのである。

上下線路が分かれ、まったく違うルートを進み、平坦になると合流する。上空から

東北線 松川ー東福島間（たすき掛け線増区間）

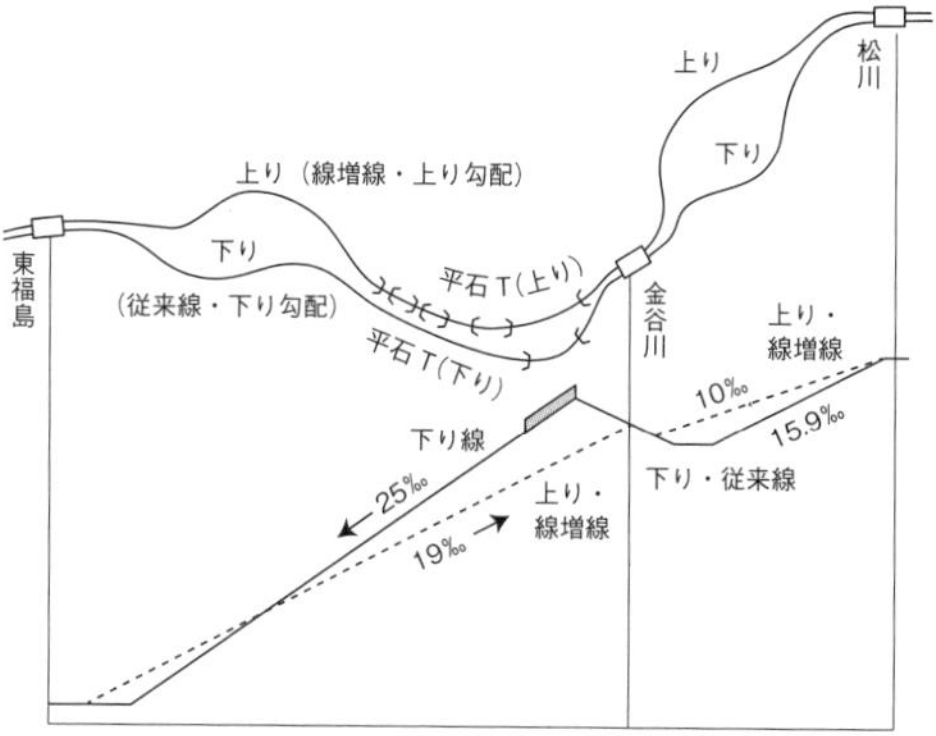

たすき掛け線増の平面図と縦断面図

見るとたすきを掛けたように見える。さらに縦断面図でもそう見えることから、この複線化をたすき掛け線増という。

東海道本線大垣─関ヶ原間はもともと関ヶ原駅に向かって25‰の上り勾配になっていた。複線化は貼付線増で行われたので急勾配は残った。そこで上り勾配の下り線を廃止して、たすき掛け状で緩い勾配の迂回線を新設した。しかし、迂回線は市街地から離れているので、普通列車用に25‰の下り線を復活、普通列車は従来の垂井駅経由で走るようにした。迂回線は貨物列車と特急が走るという変わった、たすき掛け線増になっている。

鉄道橋にもいろいろある！「じょうろトラス橋」ってなに？

「じょうろ」の漢字は「上路」と書く。トラスとは鉄骨を三角形に組んだ橋桁のことである。トラスの上に線路がある橋ということである。これに対して下路《かろ》トラス橋は、左ページ中央の写真のように、もっともポピュラーな鉄橋である。

上と下があるなら中もあるのか、と疑問を持たれる向きもあるだろう。じつはある。東武伊勢崎線は、浅草駅を出ると隅田川橋梁《きょうりょう》を渡る。この隅田川橋梁が中路《ちゅうろ》トラス橋なのである。

トラスを組まずに鉄骨を水平に延ばして、その上に線路を乗せる方式をガーダー橋という。いわゆるガードであり、強度を持たせるために断面を箱形にしたりI形にしたり、水平補強材を入れたりしている。

トラス橋とガーダー橋を組み合わせた鉄橋もある。実際に水が流れている中央部などは、強度があり、万一脱線しても川に落ちる心配がない下路トラス橋にし、両端にある河川敷などの部分はガーダー橋にするものである。

中央本線猿橋駅近くの新桂川橋梁は上路トラス橋

北陸本線足羽川橋梁は下路トラス橋

東武の隅田川橋梁は中路トラス橋

ＪＲのターミナル駅は頭端式が少ない

頭端式《とうたん》とは、行き止まり駅のことである。私鉄の多くのターミナルは頭端式になっているが、ＪＲのほとんどのターミナルは通り抜け式である。

鉄道黎明期では頭端式ターミナルが多かった。上野駅がそうである。しかし、名古屋駅や大阪駅などは当初から通り抜け式である。とくに大阪駅では、始発のための車両基地、宮原操車場も通り抜け式になっている。東京方面からの大阪駅止まりの列車は、大阪駅で折り返しをしないでそのまま進んで宮原操車場に入る。神戸方面から大阪駅止まりの列車も、そのまま直進して宮原操車場に入っている。これによって機関車の付け替えを駅でしなくてすむのである。

東京駅も中央線と新幹線を除いて通り抜け構造になっている。しかし、列車線の上野―東京間は長らく直通運転をほとんどしておらず折り返していた。国鉄時代は東京機関区のプライドが高く、東北本線等の機関車が入ってくるのを嫌ったためという。

ＪＲのターミナルで完全に頭端式になっているのは、函館駅と青森駅、高松駅、門司港駅、長崎駅で、これらはすべて連絡船との乗り換え駅だったためである。ただし、かつて長崎駅の3～5番ホームは、奥に機折線（機関車折返用線路）があって通り抜けホームだった。現在はすべて頭端式のホームにしている。

一部が頭端式なのは上野駅と天王寺駅、京都駅である。当初の上野駅は頭端式だったが、その後にできた電車線ホームは通り抜け式であり、高架の列車線も通り抜け式を加えた。天王寺は阪和電鉄が頭端式ターミナルにした。のちに国が阪和電鉄を買収して国鉄阪和線の駅としたものである。京都駅は山陰本線用として頭端式ホームを設置、のちに関空特急「はるか」の発着線にも使用している。

総武本線両国駅も、地上に頭端式のホームが3番線として残っている。他に2線あるが側線である。総武本線の列車は両国駅をターミナルにしていたが、3番線は現在ほとんど列車の発着はない。かつて両国駅始発の列車用ホームは、頭端櫛形2面4線と機回線1線、さらに洗浄線や列車仕立線があった。両国駅の構内は、今の国技館や江戸東京博物館を含んだ広さがあった。国技館や江戸東京博物館の敷地は、列車仕立線や洗浄線の跡地を流用したもので、頭端櫛形ホームの1面2線分は東京地下駅起点の快速線本線に転用されている。現在も頭端側に駅舎があり、終端駅の雰囲気が残る。

線路別複々線と方向別複々線、どちらが便利か

快速線の複線と緩行線の複線が並んでいるのを「線路別複々線」、下りの快速線と緩行線、上りの緩行線と快速線が並んでいるのを「方向別複々線」という。

首都圏のJR線の複々線は、田端―田町間以外は線路別になっている。ただし御茶ノ水駅、戸塚駅は方向別の駅である。私鉄はほぼすべて方向別である。

関西のJR東海道・山陽線では草津―兵庫間が方向別、新長田―西明石間が線路別で、兵庫―新長田間で方向別と線路別が切り替わっている。関西の私鉄は南海と阪急を除いてすべて方向別である。南海は難波―岸里玉出間が南海線と高野線による線路別、岸里玉出―住ノ江間が緩急分離の方向別になっている。

北海道の函館本線札幌―白石間は方向別、九州の門司―小倉間は貨客分離の方向別複々線、小倉―西小倉間は鹿児島線列車と日豊本線列車、それに貨物線による線路別3複線になっている。西小倉―黒崎間は貨客分離の線路別複々線、黒崎―陣原《じんのはる》間は鹿児島本線列車と筑豊本線列車による線路別複々線である。

方向別複々線は、快速電車と各停電車同士の乗り換えが同じホームでできて便利だが、線路別は別のホームに移動しなくてはならず不便である。

首都圏のJR（国鉄）が線路別になったのは、混雑緩和のために緊急に複々線化をする必要があり、方向別だと信号機の移設など時間と費用がかかること、快速電車に簡単に乗り換えられると快速ばかりが混んで混雑が分散されないのを防ぐためである。

さらに、方向別にすると快速停車駅で、朝は上りホームが非常に混みあい危険な状態になりかねないが、線路別ならホームの混雑が分散される。

方向別では快速線を外側にする場合と内側にする場合に分かれる。外側にしているのは東海道・山陽線の草津―兵庫間、東武伊勢崎線と東上線、西武池袋線、内側にしているのが小田急と京阪である。南海は下りが内側、上りが外側である。

緩行線が外側だと相対式ホーム、島式ホームにかかわらず内側は直線にできるので速度制限はなく揺れも少ない。緩行線を内側にすると島式ホームにせざるをえず、駅で外側に膨らみ、速度制限がつく恐れがあり、それがなくてもカーブに差し掛かって揺れる。だが各停電車は途中の駅で折り返すことも多い。外側を緩行線にすると快速線を横断しなくてはならないが、内側を緩行線にすれば快速線を横断することはない。

編成ごと向きを変えるための「三角線」とは？

客車時代の特急「つばめ」は、最後部に1等展望車を連結していた。常に最後部に連結するので、東京駅と大阪駅で折り返すとき、通常の機関車列車のように機関車を前から後ろに連結するだけではすまない。編成ごと方向を転換しなければならない。

こういうときのために、三角線（デルタ線）というのが用意されている。大阪駅を過ぎて次の塚本駅と尼崎駅の間は、宮原貨物線と北方貨物線によって三角線になっている。

「つばめ」は北方貨物線の接続地点の向こうでバックして、北方貨物線に入り宮原操車場まで向かう。そして清掃・点検等を行って、宮原回送線を通ると方向転換して機関車が先頭、展望車が最後部になる。

なお、宮原操車場は旅客列車の仕立てをするために造られ、現在は網干《あぼし》総合車両所宮原支所という長ったらしい名前になっている。

東京側では東京駅を到着後、機関車を付け替えて品川客車操車場を経て貨物線、続

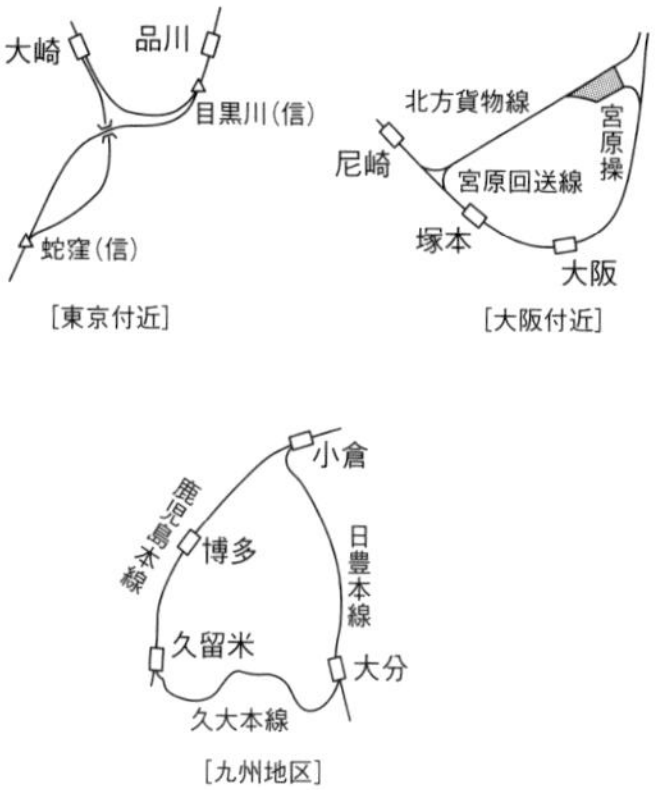

東京、大阪、九州のデルタ線

いて品鶴線に入ってからバックして大崎駅に向かい、再びバックして山手貨物線に入ると方向転換される。そして品川客車操車場で整備して東京駅に向かっていた。

展望車がなくなり、列車ごと方向転換することは長らくなかったが、ＪＲ九州の豪華列車「ななつ星in九州」は最後尾に展望室付「ＤＸスイート」客室が置かれている。博多駅を出て戻ってくると、方向が変わってしまう周遊コースがある。

その場合、編成丸ごとの方向転換が必要になるが、三角線がない。

このため博多駅に到着後、鹿児島本線で小倉駅、折り返して日豊本線で大分駅、久大本線で久留米駅、そして鹿児島本線に入るという大回りの経路で回送し、方向転換がなされている。田川後藤寺経由でも方向転換できるが、長編成の「ななつ星in九州」は通れない。

ちなみに路線名として熊本県に三角線があるが、これは地名に由来するもので「みすみ」線と読み、デルタ線にはなっていない。

他に三角線は瀬戸大橋線の坂出《さかいで》・宇多津《うたづ》付近、青森駅付近の2か所があるが方向転換用ではない。しかし青森駅に停車する北海道方面の寝台列車は方向転換していた。通過する寝台列車は奥羽貨物線を行き来するので方向転換はしなかった。

第9章

E5系の鼻が長い理由【新幹線 編】

東海道新幹線が開通したとき0系とはいわなかった

正面にある丸い光前頭装置が特徴の0系だが、東海道新幹線が開業して以来、東北新幹線が昭和57（1982）年に大宮—盛岡間で開業するまでは0系とはいわなかった。系というのは一つの車両グループの総称である。東北新幹線が開業するまで新幹線はずっと単一のグループしかなかったからだ。

形式としてはいろいろあって、2桁の数字で区別されていた。10番台は1等車（現グリーン車）、20番台は2等車（現普通車）、30番台は供食設備がある車両とし、一桁目の1は下り先頭車、2は上り先頭車、5～9番は中間車とした。21形というと新大阪・博多寄り2等先頭車、25形は2等中間車、15形は1等中間車、35形は半室ビュッフェ・半室2等客室といった具合である。その後、全室食堂車の36形が登場しているし、各形式ともマイナーチェンジすると車両番号に1000を加えたりして、21形1000番台といった調子で分けていた。

東北新幹線用は、それまでの東海道・山陽新幹線の車両形式に200を加え、東海道新幹線との直通を前提に、大宮・東京・博多寄り先頭車を221形とした。これによって東北・上越新幹線用車両を200系と呼び、東海道・山陽新幹線車両は3桁目がないことから0系としたが、厳密にいえば000系、あるいは番号無し系である。

東北・上越新幹線を200系としたのは東海道・山陽新幹線用のモデルチェンジ車を100系にする予定があったためである。JR化後「のぞみ」用300系（JR東海）、山形新幹線用400系（JR東日本）、300キロ運転を開始した500系（JR西日本）、そして700系（JR東海）と続く。

600系は東北・上越新幹線用のオール2階建て車両にする予定だったが、JR東日本はこれをE1系と命名した。最初が0系なら、続くのは1系になるはずということである。ただし形式番号は100番台となるので、東海道・山陽新幹線の100系と区別するためにEast（東）のEを冠し、150番から付番した。たとえば普通中間車はE155形、E156形などとした。東京寄り先頭車は末尾を1とせずに、3にしてE153形である。

通常車体のE2系の付番は200系と重なるものの、中間普通車はE225形として200系の225形と区別し、東京寄り先頭車はE223形としている。

浜松以外にもある！　新幹線の踏切

東海道・山陽新幹線電車の大規模検査をする浜松工場への入出庫線には、一般道路と平面交差しているために踏切があるのは有名である。入出庫線だから時速30キロ程度で通過するから危なくはない。

複線が道路と交差しており、片方の線路は狭軌併用の3線軌になっていた。ただし踏切のところだけ3線軌が残り、それ以外は狭軌用のレールが撤去されている。これは、かつて在来線経由で新幹線関連の資材を運ぶ貨車が乗り入れていたためである。さらに南側にも踏切がある。こちらは保守車両の出入用である。

もう一つ、山陽新幹線姫路駅の東側の、山陽本線の御着《ごちゃく》駅近くにも新幹線の踏切がある。山陽新幹線姫路保守基地からの出入線が道路と交差していて、そこに踏切がある。しかも踏切の数は2か所ある。

新幹線は御着駅付近で山陽本線と並行し、2か所の踏切は山陽本線とともに道路と交差している。1か所は線路と直角だが、もう1か所は線路と斜めに交差しており、

山陽本線御着駅近くの山陽新幹線保守出入線には踏切が2か所ある

山陽本線側は御着駅構内なので同駅の中線とも交差している。

山陽本線側の踏切は終日にわたって遮断機は動作するが、新幹線側は保守車両が通る深夜にしか動作しない。

保守車両の出入用踏切とはいえ、山陽新幹線にも踏切があるのは間違いない。

写真のように新幹線側の踏切には障害物検知装置も付いている。また、出入線は下り線と上り線の両方にあり、上り線への出入線の踏切を通る手前の保守基地寄りに「安全側線」が設置されている。

新幹線営業時間帯に保守車両が間違って冒進しても本線に進入できないようにしている。

東海道新幹線に阪急電車が走ったことがある

東海道新幹線は京都―新大阪間で阪急京都線と並行する。阪急京都線の大山崎《おおやまざき》駅から上牧《かんまき》駅の先まででである。東海道新幹線ができる前、阪急京都線の同区間は地上にあった。東海道新幹線の高架ができると踏切の見通しが悪くなるので、阪急京都線も新幹線と同じ高さの盛土による高架にすることになった。

このとき仮線として、同じ標準軌の新幹線線路を使った。走行開始は昭和37（1962）年4月、終了は同年12月である。新幹線軌道を走りはじめた当初は時速30キロだったので、新幹線の線路だから高速で突っ走るだろうと期待していた乗客はがっかりしたものだった。盛土なので路盤が固まっておらず、当初は徐行運転をしていたからである。その後、70キロに引き上げたが、100キロで走ることはなかった。また、途中の上牧駅と水無瀬《みなせ》駅のホームは板張りの仮駅だった。

東海道新幹線は盛土区間が多く、開業時には大半はまだ路盤が固まっておらず、開業して1年間は160キロの〝徐行運転〟をして東京―新大阪間は4時間かかっていた。しかし、阪急が借用した区間では路盤が踏み固められていたために210キロ走行は可能だった。

かつての新京阪線（現阪急京都線）特急電車は国鉄の特急「燕」をこのあたりで追い抜いていたが、現在、この並行区間で京都線特急はあっという間に新幹線に追い抜かれている。その新幹線線路を阪急京都線の電車が走っていたのである。

近江《おうみ》鉄道高宮―愛知川《えちがわ》間も新幹線と並行する。盛土で眺望が悪くなるのでその補償料を近江鉄道に支払ったといわれているが、実際は踏切の見通しが悪くなるため、その改良費用を国鉄が負担したものである。また、新幹線の盛土を低くして山並みを見やすくしている。近江鉄道並行区間の新幹線の盛土が低いのはこのためである。

完成していない新幹線線路を走ったことがあるのは、阪急京都線だけではない。北陸新幹線と並行する、えちぜん鉄道の福井―福井口間も、高架化工事の仮線として新幹線線路を走っていた。途中の新福井駅はコンパネ造りの仮設ホームになっていた。

えちぜん鉄道は阪急京都線と違って狭軌のため、スラブ軌道（次項参照）が載るコンクリート路盤に、バラスト（砕石）道床を載せてそこにレールを敷いていた。標準軌化は、バラスト道床を撤去してコンクリートスラブ軌道を設置することになろう。

阪急京都線と新幹線の並行区間

近江鉄道の新幹線並行区間

北陸新幹線路盤使用時のえちぜん鉄道

えちぜん鉄道高架化完成後の現在の姿

山陽以降の新幹線が盛土をあまり採用しない理由

東海道新幹線は盛土区間が多い。盛土は建設費が比較的安い。欠点としては場所を取るため用地取得面積が広いことと、路盤が固まるのに時間がかかり、路盤の上の道床はバラストになるために、こちらも落ち着くのに時間がかかることである。東海道新幹線が開通して1年間は、東京─新大阪間を「ひかり」が4時間、「こだま」が5時間で走っていたのは、このためだった。

山陽新幹線は、すべてではないが高架橋にして、その上にスラブ軌道を敷いた。スラブ軌道とはPC（プレストレスト・コンクリート）の路盤（スラブ）にレールを締結したもので、バラスト、つまり砂利がないから踏み固める必要はない。

東北新幹線からは全面的にスラブ軌道を採用した、このため軌道が完成すると、時間を置かずに210キロ走行での試運転ができた。その後の新幹線もスラブ軌道を採用している。バラスト軌道もあるにはあるが、これは将来的にポイントを設置したりする配線変更があることを前提にした箇所である。スラブ軌道はあらかじめポイント

バラスト軌道

スラブ軌道

を前提としたスラブを設置しておく必要があるが、将来、どういうポイントを置くか未定のときは、自由に変更できるバラスト軌道のほうがいいからである。ポイント部分をスラブ軌道にすると特殊なスラブになるので、ポイント部分だけはバラスト軌道にすることもある。

なお、北陸新幹線高崎―佐久平間では、建設費削減のためにバラスト軌道になっている箇所がある。

また、東海道新幹線の東京、新大阪の両駅は、コンクリートの高架路盤に直結する軌道、すなわち「直結軌道」になっている。

東海道新幹線の橋梁は、幅が広い川のうち24橋梁は下路トラス橋である。これらの橋梁の軌道は橋枕木によって直結されている。

山陽新幹線のトラス橋では、岡山―新倉敷間にある高梁川《たかはしがわ》橋梁が上路トラス橋でスラブ軌道を置いている。小倉―博多間の遠賀《おんが》川《がわ》橋梁は下路トラス橋だがバラスト軌道になっている。

他の新幹線ではPC桁にスラブ軌道を置いているのがほとんどである。

0系の「スカート」は重戦車並みの装甲をしていた

新幹線線路には、人が立ち入りできないようにしているが、それでも立ち入る不届き者がいるかもしれない。今でこそ監視カメラなどがあるが、かつてはそんなものはなかった。

そこで新幹線線路の近くに住んでいる人に、線路に立ち入る不審人物を見かけた場合はすぐに警察に連絡して欲しいと頼んでいる。これは今でも行われている。

あるテレビ局が映像を撮ろうとして、人が先端に乗ることができるクレーン車を新幹線線路の近くまで立てて、パトロールカーに包囲された事件があった。

それだけ厳重にしているが、もし置石をされたり、掘割の上の跨線橋からトラックが落ちてきたりすると大変なことになる。

そこで先頭車の下部、丸い光前頭灯の下にある排障器、いわゆるスカートをどのくらいの強さにすればいいか、空気砲を使って試験をした。

その結果、重さ100キロ程度の物体を跳ね飛ばすために、厚さ16㎜の鉄板を6枚重ねることになった。厚さは96㎜、重さ2トンのスカートにして、車体側に緩衝器を置いた。

開業前に溶接用のガスボンベを軌道内に置き忘れたことがあり、２００キロで走る試運転電車が跳ね飛ばしたが、スカートは凹んだりせず、ガスボンベは50ｍほど飛んでいって、その威力を証明した。

しかし、小石くらいだとスカートの下をくぐり抜けてしまう。これに対しては補助排障器として、厚いゴム板をレール面のところに付けた。駅構内など急カーブ箇所ではレール面を外れることもあるので、さらに常にレール上にある台車直前にもゴムの排障器を付けている。

しかし、実際に軌道上に物を置かれることはほとんどなかったし、保守点検終了後には確認車を走らせて営業電車の走行に支障がないことをチェックするので、置き忘れもなくなった。

２トンもあるスカートでは高速走行の妨げになるということで、現在の新幹線電車では風切りのための軽量スカートになっている。

じつは0系の光前頭装置はほとんど役立っていない

０系の先頭車のあの丸い円盤は、もともと航空機「ＤＣ８」の先頭デザインをまねたものである。ＤＣ８ではここにレーダーが入っていた。新幹線でもここに障害物検知用のレーダーを置く構想があったが、技術的に無理があるし、仮にできても軌道内に立ち入りができないようにしているので、必要がないということで取りやめた。

その後、遠くから新幹線電車がやってくるのがはっきりわかるように、試作電車の光前頭灯《ひかりぜんとうとう》に24本の蛍光灯を入れた。しかし、あまりにも明るいので運転の邪魔になるということでこれも取りやめになった。

０系では光前頭灯には非常用の連結器を内蔵させ、光前頭灯そのものはヘッドライトあるいはテールライトから漏れた光で、ボーッと光るようにした。光前頭灯とは名ばかりの昼アンドンみたいなものになってしまった。このために光前頭灯の名称はやめて光前頭装置と変更している。それでも、少なくとも進行方向がはっきりわかることで役立っており、その後の２００系と１００系にも採用された。

博多南駅に停車中の0系

ガーラ湯沢駅に停車中の200系

西明石駅に停車中の100系

200系第10次車は100系と同様の先頭形状をしていた

2階建て新幹線電車は邪魔？

東海道・山陽新幹線の2代目車両、100系のグリーン車は2階建て車両である。2階建て車両は、台車部分は通常の床の高さなので「平屋部分」といわれ、車体中央部分が2階構造になっており、その2階部分は階段の上ということで「階上室」、1階部分は階段の下なので「階下室」と呼ぶ。

100系の階上室は通常のグリーン車座席、階下室は1～3人個室になっていた。階下室は眺望が悪いことと個室の需要はさほど多くなかったので、普通車にしたり売店にした100系もあった。食堂車も2階建てで階上室は食事室、階下は厨房だった。

また東北・上越新幹線用200系にも2階建て車両が登場している。そしてオール2階建てのE1系、続いてE4系が登場した。E4系の8両固定2本をつないだ16両編成の定員は1634人と、日本の列車で最大の輸送力を持っている。

100系は最高速度230キロ、E1系・E4系は245キロで走るようになったが、それ以上のスピードはついに出さなかった。

2階建てになると車体が重くなるうえ、重心が高くなるために245キロ超を出さなかったとされるが、それだけでなくトンネル断面に占める車体の割合が多くなり、ちょうどピストンでシリンダーの中の空気を前に押していくのと同様で、速くすればするほどトンネル内の走行抵抗（これをトンネル抵抗という）が大きくなる。

100系は16両編成のうち中央2両（一部4両）が2階建て車両なので、1階建ての先頭車で一度空気をかき分け、2階建てでまたかき分ける2段階になるからまだいいが、オール2階電車では完全にピストンみたいになってしまう。次に登場したE4系はこれを緩和するような先頭デザインだが、それでも245キロが限度だった。

しかし、フランスの高速列車TGVのオール2階電車「デュープレックス」は、320キロまで出している。320キロを出すトンネルの断面積は100㎡になっており、さらにデュープレックスの車体幅は2904㎜と日本の在来線並みにスリムだから、トンネル抵抗は小さい。

新幹線のトンネル断面積は63・5㎡ほどで、車体幅は3380㎜もあるから、走行抵抗は非常に大きく、2階建て電車では270キロは難しい。N700系やE5系は、車高が低くトンネル抵抗も小さい。遅い2階建て車両は邪魔なのである。

E5系の鼻が長い理由は、速度優先のため!?

トンネル抵抗を減らすには、車体断面を小さくするのが一番効果がある。0系の車体高さは3975㎜、幅は3380㎜だった。平屋構造の100系と200系も、ほぼこの寸法を踏襲している。

日本で最初に270キロ運転を開始した300系は、高さを3650㎜と30㎝ほど低くした。山陽新幹線で300キロ運転を開始した500系は、車体高こそ3690㎜と300系に比べ40㎜高くなったが、断面形状は円形にして断面積を300系より1割縮小した。さらに先頭車の先端から通常の高さになるまでの〝ノーズ〟の長さは15mに伸ばした。これによって、トンネル突入時に起こる「微気圧波」も軽減した。

このため先頭客室の4列目まで傾斜がついていて天井が低く、1、2列目には網棚がない。そのため2列席にして、通路側に荷物収納棚を置いた。また、すべての座席で窓側が天井に向かって丸くなっているため、頭を網棚にぶつける人が多発した。

700系は客室までノーズが影響するのをなくすために、先頭形状をアヒルのくちばし状にした。またノーズの長さは9・2m、車体高さは3650㎜にした。

北陸新幹線の高崎―長野間開業時に登場したE2系は、最高速度が260キロなのでノーズはさほど長くせず、そのかわりに上部へ空気を逃がす割合を大きくして微気圧波を軽減するようにした。高さは3700㎜になっている。東北新幹線では275キロを出す。

東海道・山陽新幹線のスピードアップのために造られたN700系はノーズを10・7mにするとともに、より空気をかき分けやすい構造にし、アヒルのくちばしスタイルがなくなった。また先頭車は大部分の高さを3500㎜にして、後部で1000㎜立ち上げ、中間車は3600㎜にしている。車体傾斜機能をはじめて採用しており、このため車体幅は20㎜狭い3360㎜にするとともに窓部分から上は緩く傾斜させている。これによって車体断面積は幾分小さくなっている。国内ではじめて320キロ運転をしたE5系のノーズの長さは15mとなった。車体高さは3650㎜、やはり車体傾斜をするので車体幅は3350㎜になっている。形状としては空気が上へ流れるようにするとともに、先端部をボールペンの先端形状と同じような細長いものにし、途中から横に広げ空気を上へ逃がしている。ノーズが長いために先頭車の客室は狭い。

北陸新幹線用E7系・W7系はデザイン優先

北陸新幹線は最高速度を260キロに抑えているため、フロントノーズをE5系のように長くする必要はない。E7系・W7系のノーズの長さは、E2系と同じ9・1mである。そのため先頭客室は広い。グランクラスの定員はE5系の15人に比べ、E7系・W7系は18人と3人しか増えていないが、乗客用の扉は2か所になり準備室もゆったりしている。また、東京寄り先頭普通車の定員は19人から50人に増えている。

先頭形状はOne-motion Lineと名付けられている。訳せば「一つだけの流線形」あるいは「シンプルな流線形」である。E5系よりも優美なスタイルといえる。

トンネル断面積が広いイタリアの高速鉄道を走る、私鉄の運営会社イタロの車両はフェラーリがデザインしている。フランスTGVにしても最新のものは優美なデザインになっている。

北陸新幹線は金沢―敦賀間が建設中であるが、開通すれば上越妙高―敦賀間で320キロ運転となるかもしれない。そうでないと東京―敦賀間の所要時間が3時間を超

イタリアの民営高速電車「イタロ」

えるからである。
　高崎―佐久平間と飯山―上越妙高間は急勾配区間なので、今でも200キロ程度しか出していない。その他の区間では320キロを出したいところである。
　高崎―佐久平間と飯山―上越妙高間を除く北陸新幹線や東北新幹線盛岡以北など、整備新幹線区間では最高速度を260キロとしているが、軌道構造は330キロまで出せるようになっている。
　東北新幹線宇都宮―盛岡間と同じATC装置を付加し、E5系とほぼ同構造の車両を使えば320キロ運転はできるし、少し改良すれば330キロまで出せる。

新函館北斗駅を発車するE5系「はやぶさ」

北陸新幹線E7系

新幹線はなぜ、列車同士がすれ違うと揺れるのか

　東海道新幹線に限らず、新幹線はすれ違い電車の先頭車両が窓から見えたとたんに揺れ、最後部が見えるとまた揺れる。これは先頭部で空気を左右にかき分けるために、空気圧によって押されて揺れるからだ。最後部では、空気圧が低くなっているために引っ張られて揺れるのである。

　N700系からは、空気を左右にかき分けないよう、上に逃がすような設計になって、だいぶ軽減されたが、それでもまだ揺れる。

　山陽新幹線や東北・上越新幹線ではその揺れが小さい。

　東海道新幹線だけ揺れが大きいのは、上下線路の間隔が短いからである。この間隔を「軌道中心間隔」といい、東海道新幹線は4・2mになっている。N700系による上下電車の車体側面同士の間隔は840㎜である。山陽新幹線以後の軌道中心間隔は4・3mになったから、車体側面の間隔は940㎜（N700系の場合）になる。E5系では950㎜になっている。

それに対し、ほとんど揺れがないのは秋田新幹線と山形新幹線の電車である。車体の幅が2945㎜と狭く、車体側面の間隔は1355㎜にもなるからである。

フランスTGVの軌道中心間隔は当初4・2mだったが、地中海線では4・8mにした。ただし、これは広すぎるということで、その後の高速新線では4・5mにした。

当初の4・2mは東海道新幹線と同じだが、車体幅が2905㎜だから車体側面の間隔は1295㎜になる。当初からすれ違い時の揺れはない。

建設中の北陸新幹線金沢―敦賀間の軌道中心間隔は4・4mに引き上げた。しかし、車体幅が広いのだから4・8mくらいは欲しいところである。4・4m程度なら路盤やトンネルを拡大せずにすむことと、先頭形状をよくすることで揺れを抑えられると考えられているようである。また、東海道新幹線の最新形のN700Sはサスペンションに工夫をして、すれ違い時の揺れもなるべく抑えている。

とはいえ、今後360キロ運転をするための試作車「ALFA―X」の、新青森寄り先頭車の客室窓は三つしかない。そんなことなら車体幅を2950㎜程度にしてノーズを短くすればいい。秋田新幹線用のE6系は、E5系よりもノーズが約5m（2段になっている水平部分を含まない）短いのだから。

第10章

実際に握り寿司を供した列車があった

【番外編】

メリットも多い、「ループ式路面電車」とは？

日本の路面電車は、通常の電車と同様に前後に運転席があって、折り返すときに運転席を変える。しかし、初期の路面電車の運転席は一つだけだった。終点では線路をループにして、ぐるっと一周して折り返していた。

当時は、馬車鉄道を路面電車に切り替えたところが多く、馬車鉄道は一定方向にしか進めないから終端駅はループ線になっていた。路面電車は小形車両なので急カーブに強く、ループ線にしたとしてもさほど敷地をとらない。また、小形だから車内面積をとる運転席を1か所だけにすれば客室が広くなる。

京急の前身、大師電鉄の大師前と六郷橋、京浜電鉄となってからの京浜川崎駅と大師駅、阪急の前身、箕面有馬電気軌道の箕面駅などはループ線で折り返していた。

普通の折返駅では折返電車が出発するまで駅の手前で信号待ちをしたりすることがあるが、ループ線では一方通行なのでその必要はない。また、動力をもたないトレーラーを後ろに連結することもできるし、客用出入口は片側だけでいい。このため通常

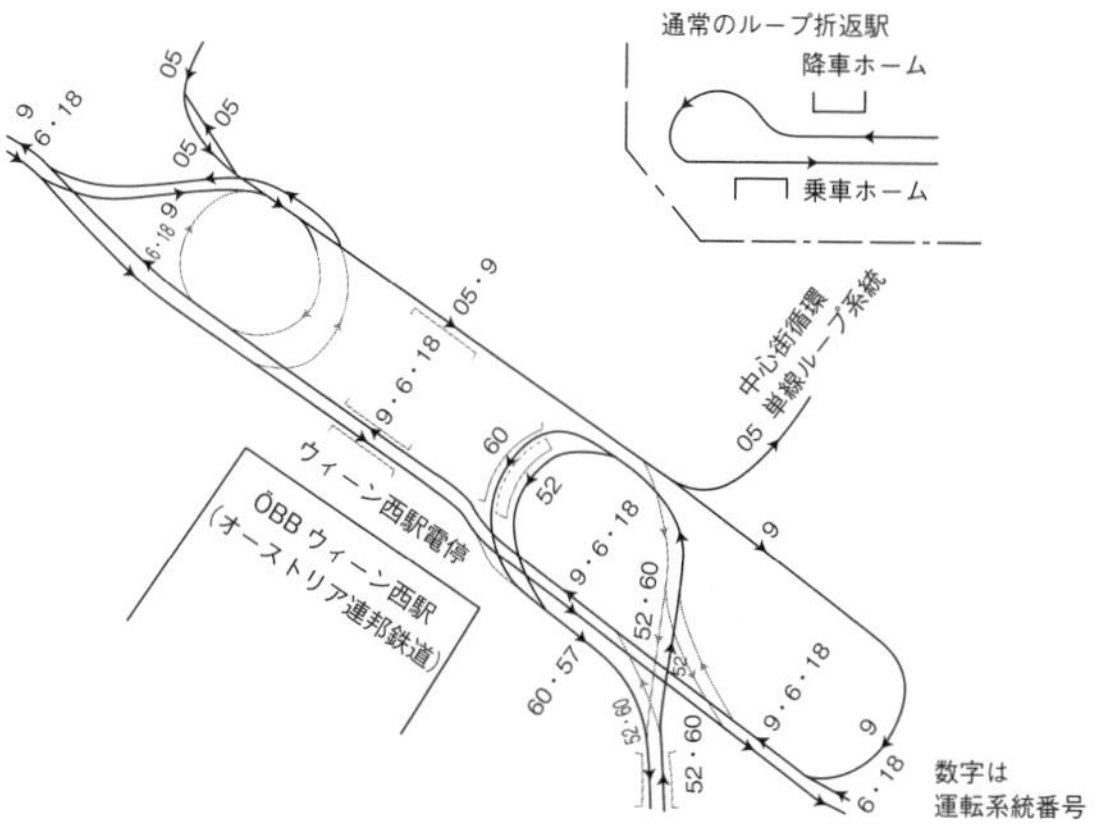

ウイーン西駅電停。各種系統が集まるので配線は複雑になる。現地取材を元に筆者により作図

より座席も多くなる。

日本では新交通システムの埼玉新都市交通ニューシャトルの大宮駅と、広島の瀬野駅から出ているスカイレールがループ線で折り返している。ニューシャトルの終点・内宿駅は単なる折返駅なので電車の運転台は前後2か所にある。また、廃止された愛知県小牧市の桃《とう》花《か》台《だい》新交通ピーチライナーもループ式だった。

ヨーロッパではループ式の路面電車が結構多い。折り返しはループによるのでポイントはなく、すっきりしているが、各種系統が集まる場合は通常の折返方法よりも複雑になる。図に掲げたオーストリアのウィーン西駅電停の配線は非常に複雑である。

ウイーンの市電はループ式で、右側通行のため進行方向右側に扉がある

反対側には扉がない。また、後部に運転台はなくテールランプだけがある

ウイーン市電の旧式中床車両、後部にトレーラーを連結

ミュンヘン市電もループ式

日本ならではの特殊輸送、西武鉄道で走った肥溜列車

昭和18（1943）年当時、街中で発生する屎尿《しにょう》の処理に困っていた東京都は、郊外の田園地帯の肥料にするという合理的な方法を思いつき、東京西北地区を走っていた武蔵野鉄道と西武鉄道に対して屎尿輸送を要請した。武蔵野鉄道は現西武池袋線、西武鉄道は現西武新宿線である。両鉄道は昭和20（1945）年の終戦後に合併して西武農業鉄道になった。屎尿輸送は終戦後も続けられた。

木造無蓋貨車に箱形タンクを載せて屎尿貨車にした。積み込む駅は、池袋線は東長崎―江古田間に長江駅を設置した。駅といっても、下り線側につながる側線と屎尿貯留槽を設置しただけのものである。長江駅は屎尿輸送終了後は貨物駅の西武市場駅となったが、昭和38年に廃止された。新宿線では井荻《いおぎ》駅に貯留槽と側線が置かれた。

荷卸駅は池袋線が保谷《ほうや》、清瀬、秋津、狭山ヶ丘、高麗《こま》、新宿線が東小平（廃止、花小金井―小平間）、東村山、入曽《いりそ》、南大塚とし、のちに田無《たなし》駅と小川駅が追加された。屎尿輸送後の帰りは、これらの駅から野菜を積み込んで都内へ輸送した。屎尿輸送

時には相当な臭いがしたといわれる。そのため「肥溜《こえだめ》列車」とか「糞尿《ふんにょう》列車」とかいわれて嫌がられていた。

徐々に屎尿輸送は下火になっていく。昭和27（1952）年からガソリン統制が撤廃されトラック輸送に移行、さらに農家も化学肥料を使用するようになった。また都心部に下水処理場ができたりしたために、肥溜列車は昭和28年3月に終了した。

肥溜列車とは、あまりいいイメージではないあだ名である。同様にいいイメージにならないあだ名として、「葬儀電車」というのがあった。

これは現在の阪急千里線がまだ北大阪電気鉄道の時代に付けられたものである。北大阪電鉄は大正10（1921）年に十三《じゅうそう》―千里山間を開業。千里山には火葬場や葬儀場があり、十三駅で阪急神戸線・宝塚線と連絡したが、乗客は非常に少なかった。千里山駅にある葬儀場に向かう乗客が多かったため、葬儀電車のあだ名が付いた。

しかし、北大阪電鉄はまもなく京阪電鉄の子会社の新京阪鉄道に合併吸収される。北大阪電鉄が保有している天神橋―淡路間の免許を、新京阪鉄道が必要としての合併である。新京阪鉄道は京阪電鉄と合併、さらに京阪電鉄が阪神急行電鉄（阪急）と合併して京阪神急行電鉄千里線となった。

特徴をうまくとらえている!?　車両のニックネーム

鉄道ファンは、得てして車両にニックネームを付ける。そしてそれが定着してしまうことも多い。たとえば昭和29（1954）年に登場した東急5000系は、正面2枚窓、張殻構造で断面が台形となった車体を緑色一色に塗られたことから「アオガエル」と呼ばれた。まもなく秋田県大館市に移設される話も出ているが、渋谷の駅前広場に車体が置かれていて、待ち合わせの場所として重宝がられている。

新幹線0系の先頭車を見て「だんご鼻」と付けられたが、これは0系が誕生して廃止される直前まで呼ばれたことがない。近年になってそう呼ばれることが定着した。同じ新幹線でも総合試験電車は「ドクターイエロー」と名付けられた。ただし、名付け親は某鉄道出版社である。

古いところでは東北の花巻電鉄で走っていた「馬面《うまづら》電車」。車体幅が1592㎜という狭さで断面が超細長く、正面形状が馬の顔のように見えたために付けられた。

阪神電車は昭和29年に大形車が登場する前の車両の幅は2312~2360㎜と狭

かった。当時の車両は一部を除いて前後両側に貫通扉付の運転台があり、２３１２㎜幅の車両にも貫通扉が付いていた。貫通扉を挟んで左側にスピードを出すマスコン、右側にブレーキハンドルがあった。それを操作する運転士の姿がバンドマンに似ていることから「バンドマン電車」といわれた。小形車体なので客室面積が狭い。そこで連結したときや最後部になったときに運転席も客席になるよう工夫した電車もあり、古い喫茶店の出入口に似ていることから「喫茶店」と呼ばれるようになった。

最近間違って使われているのが、「青胴車」である。阪神の大形車の急行用車両のニックネームは「赤胴車」である。窓下が赤、上がクリームに塗られているのと、当時、流行っていた漫画に赤胴鈴之助があったことから会社自身が付けた。

普通用は窓下が青だったので青胴車と思われがちだが、普通用は「ジェットカー」と呼び、公式には決して青胴車とはいわなかった。２両だけステンレス車体だったので、これを「ジェットシルバー」、他を「ジェットブルー」と呼ぶこともあったが、急行系の赤胴車を「ジェットレッド」とは呼ばなかった。赤胴車はなくなり、ジェットブルーもまもなく廃車になる。ジェットシルバーはずっと前になくなったが、最新のジェットカーはステンレス車体なので「ニュージェットシルバー」と呼んでいる。

阪神の「喫茶店」

東急の「アオガエル」

「喫茶店」は、中間に連結されるときや最後尾では運転席も一般客が座れ、また先頭のときは前面展望が楽しめた

「クモハ」ってなんのこと？

ＪＲの電車の側面には、カタカナで車両の形式番号が表記されている。たとえば「クモハ」、その次に番号が付いている。「ク」というのは運転台が付いている電車、「モ」はモーターが付いている電車のことである。そして「ハ」は普通車のことである。

普通車とはグリーン車に対しての呼び方で、グリーン車は「ロ」が付く。日本の鉄道黎明期は、車内の座席などのアコモデーションに差をつけて運賃も違っていた。上等、中等、下等の3種があり、その後、1等、2等、3等の3等級制になった。このとき車両の記号として1等をイ、2等をロ、3等をハとした。その後、2等級制になったが1等はロ、2等はハにして、イは今後使うかもしれないとして残した。

クモハは「普通車電動制御車」のことで、モハは「普通車電動車」、クハは「普通車制御車」、そしてサハはモーターも運転台もない車両で、「付随車」と呼ばれる。

これらの由来は、モはモーターのことではっきりしている。クはなにかというと、「くっつく」、つまりモーター付電車にくっついて走るからである。サは電動車や制御車の間に「差し込む」ことからきている。

というのは電車が国鉄線で走るようになった頃は、4輪単車が単行（1両）で走っていた。当然前後に運転台が付いている。

2両編成以上にするようになるとモーターがなくて運転台が片側にある車両を連結するほうが経済的なので、電動車にくっつけることから、モーターなしで運転台がある車両を「ク」とした。そして運転台もモーターもない車両は「モ」と「モ」の間、あるいは「モ」と「ク」の間に差し込んで連結するから「サ」とした。

長らく電動車は運転台が両側もしくは片側にあるのが当たり前だった。しかし、横須賀線や東海道本線京阪神間を走る電車は長大編成になり、運転台がない電動車が登場した。そこで運転台なし3等電動車を「モハ」運転台付3等電動車は「クモハ」と区別するようになった。さらに東海道本線のビジネス特急「こだま」では2等の中間電動車が必要になり、「モロ」が登場した。

これら記号は官鉄、鉄道院、鉄道省、国鉄、JRと受け継がれ、私鉄の中にも採用しているところがある。私鉄の場合は並等制、つまり普通車だけしかない会社ではクとかモ、サしか使わないところもある。

半室がグリーン席、半室が普通席がある合造車で付随車の場合は「サロハ」となる。また寝台電車の場合は、寝床があるからネを付け、「クハネ」や「モハネ」「サハネ」となり、A寝台とB寝台の合造車は「(サ)ロハネ」になる。

かつてあった食堂車はシを付ける。半室にビュッフェがある合造車では「サハシ」となる。また、郵便車もあって、当然ユを付ける。荷物車はニである。国鉄では「クモハユニ」の5文字が最長だったが、理論上は「クモロハユニ」の6文字もありえた。

ところで南海電鉄の前身、南海鉄道の電車は当初クとかサとかは付けず、「電1形」とか「電付6形」とか漢字を採用していた。その電付6形は制御車で特等室と喫茶室付、そして荷物室もあった。国鉄式記号を当てはめると制御車のク、特等車のイ、喫茶室のシ、荷物室のニ、つまり「クイシニ」となる。浪速号という愛称があったが、「食い死に号」と揶揄されたと聞く。

鉄道運営のためだけに必要な車両を事業用車という。国鉄は一つの役所だったので、事業用車に「ヤ」という記号を使った。そこから派生して、鉄道資材を運んで各所に配る車両は配るの末尾を取って「ル」、事故時に駆け付ける車両もあり、これを救援車と呼び「エ」を付けた。電車ではクモヤ、クモル、クエといった車両称号になる。

救援車クエ94。中央は配給電車クモル。後ろは牽引電車クモヤ

牽引電車クモヤ90

救援客車オエ70 23

「スイテ」は、空いているのではなく、客車の記号

気動車はキを付けてキハ、キロなどという。ほとんどのキハは運転台付なのでクは付けないものの、エンジンがない運転台付があって、これを「キクハ」とした。

蒸気機関車の形式は、動輪の数を英文字にしている。Aは動輪が一つという意味だが、ほとんどない。動輪の数は2から5までがほとんどなので、B〜Eが付けられている。

もともと機関車といえば蒸気機関車のことなので、動輪の数だけで区別する。そして電気機関車は頭にE、ディーゼル機関車はDを付ける。たとえば「EF58形」、「DE10形」などである。

客車は機関車に引っ張られるから、重さが一番気になるところなので、まずは重さをカタカナで表した。22・5t未満、22・5t〜47・5t未満までは5t刻み、そして47・5t以上に分け、22・5t未満は小形ということから「コ」、次が「ホ」とした。当初は木造車体で軽く、それよりも重い車両はボギー台車の濁音をとってホとし

た。その後、もっと重くなってきたので5ｔ刻みにして、最初が中形車ということで「ナ」、その次が大形ということで「オ」、そして木造車から鋼体車に移行してさらに重くなったので鋼体、すなわちスチールからとって「ス」とした。さらに重くなってきたので、次は全く重いの「マ」、そしてそれ以上は格別重い「カ」とした。

等級別の次に用途別を付ける。付いていないのは座席車両である。寝台車はネ、食堂車はシなど、電車と同じである。

最後尾車両には「フ」を付けているのが多い。風呂のフではなく、最後尾車両の多くは車掌室がある「緩急車」になっている。そこには手動ブレーキや車掌弁（非常ブレーキをかける弁）があるので、ブレーキの頭のブの濁音をとってフを付けている。

やはり合造車が多くあった。食堂車と2等車の合造車にはオハシ30形というのがあった。またスイテ37010というのもある。空いているのではなく、テは展望車のテであり、1等展望車のことである。もともとはテンとし1等車にあるのは当然なのでイは略していたが、ステンでは響きが悪いということでンを取って、イを入れてスイテとした。スイテ37010形は後に改装されて重くなりマイテ39形になった。

スシもある。食堂車のことだが、全室食堂車では寿司は出さなかった。

実際に握り寿司を供した列車があった

昭和33（1958）年に特急「こだま」が東京―大阪間で運転開始した。東京―大阪間の所要時間は6時間50分。今では遅いと思われるが、「こだま」が登場する前の客車特急「つばめ」「はと」の所要時間は8時間だったので1時間10分も短縮した。ビジネス特急の謳い文句があり、風格がある食堂車ではなく、半室を客室にした立食のビュッフェ（発音はビュフェ）を2両連結した8両編成である。カウンターがあり立ち食い式である。形式はモハシ21形、のちにモハシ150形になる。

まだ電子レンジはなく、コーヒーポット等を温める電気レンジが一つあるのみで、サンドウィッチやコールチキン、コールフィッシュ、ハムなど、切っただけのオードブルしかなかった。なお、温かくない料理のことを「コール」と言った。関西で今も使われるコールコーヒーと同じ語源である。車内販売品として弁当や寿司があり、カウンターで食べることができた。ただし、寿司といっても押し寿司であった。

昭和35（1960）年には「つばめ」も電車化され、「こだま」とともに12両編成で東京―大阪間を6時間30分で走るようになった。このときに本格的な食堂車を連結、その隣にビュッフェ車を連結した。ビュッフェから東京寄りはすべて2等車、食堂車の大阪寄りは1等車である。大阪寄り先頭車は特別1等車のパーラーカーで、大窓の展望席と4人個室が置かれた。特急の1等車の乗客には、食堂車がふさわしいとした。「ビュッフェ車は2等車の乗客か急行の乗客のためのものだ」ということで、急行用のビュッフェ車のサハシ153形が登場し、10両編成の電車急行「なにわ」「せっつ」が走るようになった。サハシ153形は2両が組み込まれ、この2両の間に1等車2両を連結した。当時、1等車には2等客が通り抜けできないようにするのが原則で、登場時の「こだま」もビュッフェ車の間に1等車を挟み込んでいた。

急行のビュッフェには温めなくてすむ、寿司コーナーが連結されるようになった。朝は電気レンジの上にフライパンを置いてトーストを焼く、朝定食が供された。

ビュッフェ車は各昼行急行電車に連結されていくが、寿司職人が集まらずネタの仕入れも大変だった。昭和37(1962)年からは電子レンジを設置、カレーライスやチキンライスが供され、さらに大型の電気レンジも追加、中央線の「アルプス」などでは信州そばが出るようになった。

ほとんどの食堂車は電子レンジがなかった

ビュッフェ車は新幹線にも当初から連結された。新幹線のビュッフェは立ち食いではなく、山側（新大阪に向かって右側）の窓下にカウンターがあってそれに向かってFRP（強化プラスチック）のイスが置かれていた。当然、電子レンジがある。しかも乗客から見えるところに置かれて温めている。

これをして「国鉄の食堂車はどうせチンして温めるだけだから、まずいに決まっている」と思われがちだった。しかし実際は、下ごしらえは地上でするものの、調理はずっと大型の電気レンジや電気オーブン、電気フライヤーで行われていた。

モーニングのトーストもフライパンで温め、焼き目を付けている。ステーキも強火で焼いていた。すべて本格的な調理をしていたのである。

昭和30年代の食堂車に来る人は気品がある紳士淑女ばかりだったので、対応する食堂車の従業員もいろいろ気を使っていたものだった。

そんな中、ビュッフェ車が登場して大衆化し、食堂車連結の列車も多数登場した。

食堂車そのものも大衆化していったが、食堂車従業員も気品ある振る舞いをし続けていた。筆者は昭和45（1970）年の夏に食堂車で皿洗いのアルバイトを日本食堂大阪列車所でしたことがある。ちなみに皿洗いのことを「パントリー」と呼ぶ。

通常、食堂長1人、コック長とコックが各1人、パントリー2人、ウエイトレス4人で1クルーで、2泊3日程度の行程で一つの食堂車に乗り続ける。

大阪駅を出発するとき食堂車の食事室の中央の通路で全員が整列し、発車時にホームに向かってお辞儀をする。いつもはホームからそれを眺めているだけだったが、いざ、それをやると気恥ずかしいものだった。2度目からは自然にお辞儀ができるようになった。

パントリーは厨房内にいるのでお客さんと接することはなかったが、新幹線乗務では食堂車の連結は当時はなく、ビュッフェだったのでもろに客と対面する。やはり緊張してしまう。ビュッフェは別として、食堂車には電子レンジがないことをこのときはじめて知った。きちんと調理していることに驚いたものである。なお食堂車に電子レンジが置かれたのは100系新幹線からである。

折り返す車両基地では食堂室に布団を敷いて寝泊まりするが、女性は寮に泊まる。

新幹線0系の食堂車（営業開始前を取材。このときはまだ通路側に窓がなく、富士山が見えず不評を買った）

寝台特急「北斗星」の食堂車

【54ページの略称の答え】

「けいはち」は京王八王子、「うえはら」は小田急・東京メトロ代々木上原、「ふたこ」は二子玉川、「にこたま」とも略す。「しんよこ」は新横浜、ちなみに、国鉄時代から使われているJRの電略（電報略号）は「トミシヨ」で、東京南鉄道管理局新横浜の略。「あおいち」は東京メトロ青山一丁目、「もんなか」は同門前仲町、地元では「なかちょう」と略している。「むかいはら」は同小竹向原、「たにきゅう」は大阪メトロ谷町九丁目、「てんろく」は同天神橋筋六丁目、大阪市電の日本橋一丁目は日本一と略されていた。「しえき」は南海和歌山市駅と伊予鉄道松山市駅の両地区で略されている。阪急京都線の高槻市駅と茨木市駅は「しえき」と略さず、阪急高槻、阪急茨木と呼ぶことが多い。

おまけ　懐かしのひとコマ

昭和47年頃の銚子駅から両国寄りを見る

出発信号機はまだ腕木式。電化もされておらず気動車や客車が使用されている。今も残っている留置線へ客車列車が入線中のため入換要員が2人もいて、旗を持ち合図を行っている。客車の最後部には貫通扉がない。デッキと客室の間に扉があるのでいらないのである。貫通扉がない客車の多くは普通列車に使われていた。筆者はこの貫通扉がない最後部のデッキに新聞紙を敷いて座り、去り行く線路や景色を眺めたものである。

すべて今では見ることができない、懐かしき鉄道風景である。

本書は、本文庫のために書き下ろされたものです。

川島令三（かわしま・りょうぞう）

1950年兵庫県生まれ。芦屋高校鉄道研究会、東海大学鉄道研究会を経て「鉄道ピクトリアル」編集部に勤務。現在は鉄道アナリスト。

著書に『全国鉄道事情大研究』（シリーズ全30巻、草思社）、『【図説】日本の鉄道 全線・全駅・全配線』（シリーズ全52巻、講談社）など多数。

テレビでのコメンテーターのほか、早稲田大学エクステンションセンター・オープンカレッジ「鉄道で楽しむ旅」講師もつとめる。

知的生きかた文庫

思《おも》わず誰《だれ》かに話《はな》したくなる
鉄道《てつどう》なるほど雑学《ざつがく》

著　者　川島令三《かわしまりょうぞう》
発行者　押鐘太陽
発行所　株式会社三笠書房
〒一〇二-〇〇七二　東京都千代田区飯田橋三-三-一
電話〇三-五二二六-五七三四〈営業部〉
　　〇三-五二二六-五七三一〈編集部〉
https://www.mikasashobo.co.jp
印刷　誠宏印刷
製本　若林製本工場

ISBN978-4-8379-8665-2 C0130

C50397